AF239645

SVEN BERTELSEN

DET USTYRLIGE PROSJEKTET

En ny forståelse av prosjektets
natur og av dets ledelse

SVEN BERTELSEN aps

© Sven Bertelsen 2015, 2017, 2018

Originalens tittel: Det uregerlige projekt (© SvenBertelsen, 2015)
Boken er utgitt av Lean Construction - DK med støtte fra Realdania
Redaktør: Poul Høegh Østergaard
Omslag og layout: Claus Lynggaard
Oversatt av: Hans Thomas Holm

Forlag: Books on Demand - København, Danmark
Fremstilling: Books on Demand - Norderstedt, Tyskland
Bogen er fremstillet efter on-Demand-proces

ISBN: 978-87-4300-295-6

Innholdsfortegnelse

Oversetterens forord

Å lede prosjekter og lose dem gjennom perfekte eller storm-
fulle forhold er en særdeles utfordrende oppgave. Jo større og
jo mer komplekse prosjektene er, desto større er utfordrin-
gen. Utfordringen øker ikke lineært med økende antall
grensesnitt, men snarere eksponensielt. Kunnskapen om
prosjektets ledelse må man følgelig hente fra flere områder
enn man kan forestille seg når man deltar på et enkelt pro-
sjektlederkurs, eller en flersemesters ledelsesutdanning. Det
å se langt ut over sitt eget fagområde og hente inspirasjon og
kunnskap fra det som for byggenæringen kan oppleves som
utradisjonelle fag, er og blir en nødvendighet.

Denne boken gjør akkurat det. Den tar selvfølgelig ut-
gangspunkt i det nære og det kjente, men den tar også både
korte og lange omveier til fagfelt som kan virke merkelige for
en prosjektleder for et byggeprosjekt, men som ved nærmere
refleksjon viser seg å være meget berettigede. De til og med
beriker og supplerer vårt eget fagområde.

I denne boken gjør Sven begge deler, og han gjør litt til.
Han henter inspirasjon fra utradisjonelle fagfelt og benytter
dem til å forklare hvorfor prosjektene er, og blir, ustyrlige.
Eller uregjerlige som er ordet i den danske utgaven. Han

7

bruker eksempler fra sitt lange og varierte arbeidsliv. Det benyttes både eksempler fra de nære tingene som eksempler fra de store prosjektene. Og han reflekterer rundt det mulige og det tilsynelatende umulige. Etterhvert som man leser seg gjennom boken, øker forståelsen for hans resonnement og gleden av å bli beriket av de nye og høyst utradisjonelle tankene han bidrar med.

Jeg har selv nylig hatt gleden av å sitte i de dype lenestolene på hans hjemlig innredete kontor og diskutere prosjektutfordringer med dets muligheter og potensielle hindere. Det var en svært berikende opplevelse. Derfor har det vært en tilsvarende fornøyelse å bidra til å gjøre denne boken tilgjengelig for norske lesere. Jeg håper at interessen for lean, flyt, prosesser, sløsingsreduksjon, produktivitetsøkning med så mye mere bare blir større etter at tankene i denne boken har kommet det norske markedet og den norske byggenæringen til gode. Slik også jeg er levende opptatt av at tankene når ut til langt flere. God fornøyelse og god lesing!

Oslo, 31. mai 2018
Hans Thomas Holm

Forfatterens tak til oversætteren

Det var en gang i høsten 2016, få måneder efter at Det Uregerlige Projekt var udkommet på dansk at jeg fik en mail fra Hans Thomas Holm i Norge, der havde læst bogen og gerne ville oversætte den til norsk.

Jeg svarede lidt tøvende om ikke dansk og norsk var så nære sprog at en oversættelse var overflødig, men Hans Thomas holdt på, og hen ad vejen fandt vi en formel hvor han oversatte og jeg stod for tilrettelæggelse, tryk og udgivelse mm. Jeg tvivlede lidt på projektet og koncentrerede mig herefter om udgivelserne på engelsk, tysk og spansk, men pludselig kom der gang i det norske projekt. Først lidt trægt, men pludselig var det som proppen kom ud af flaskehalsen og stoffet strømmede igennem og med et var vi færdige.

I mellemtiden havde jeg lært min oversætter at kende og fundet en god elev i studiet af Lean Construction. Vi lærte begge en del i vort arbejde med bogen og mere gennem vores snak om det store projekt, Hans Thomas står over for og hvor jeg ønske ham alt muligt held og lykke, forhåbentlig med inspiration fra mine egne erfaringer som fortalt i bogen.

At læse korrekturen på norsk har været en eye opener for mig. Pludselig så jeg mine egne ord med nye øjne og jeg erkender helt og fuldt at jeg tog fejl, da jeg mente at bogen på dansk ville være tilstrækkelig.

Kære Hans Thomas, tak for samarbejdet, jeg håber det fortsætter.

Holte, juli 2018
Sven

Forord

Jeg liker prosjekter.

På godt og vondt har prosjekter vært en livsform for meg. Gjerne prosjekter som gikk helt til grensen, og noen ganger litt lenger, fordi det så åpenbart lå nye muligheter i å utfordre reglene. Med skyldig respekt for målet.

Jeg vet ikke når og hvordan det begynte, men det var tidlig. Vår skole hadde et luftvarmesystem hvor temperaturen i klasserommet ble styrt av termostater med spjeld. Varm luft ble blåst frem gjennom kanaler fra kjellerens sentralvarmeanlegg. Den gangen var det et ganske avansert system, og vår klasselærer hadde stolt vist det frem.

Kanskje var jeg den eneste i klassen som forstod hvordan det virket. Men det gjorde jeg altså, og systemet måtte jo settes på prøve. Så før en time i noe jeg ikke var «opplagt» til, snek jeg meg i frikvarteret ut for å vaske termostatenes følere godt og grundig i kaldt vann, og jeg sørget samtidig for lukkede vinduer.

Systemet reagerte som det skulle. Klasserommet ble som et tyrkisk dampbad, vaktmesteren ble tilkalt, timen måtte avlyses og ingen fant ut hvorfor.

Siden fulgte tallrike andre små og store «prosjekter». I god speiderånd gjerne noe med å «overleve»; som å slå leir, tenne bål, lage mat. På gymnaset og senere gikk det i å arrangere underholdning eller skolerevyer. Og i min studietid kastet jeg meg ut i et tvilsomt prosjekt med å produsere en piratkopi av en nødvendig lærebok, hvilket krevde ganske mye organisering og logistikk. Siden fulgte alle voksenlivets prosjekter. For mitt vedkommende blant annet med en ganske suksessfull produksjon av en amatørfilm. Deretter fulgte alle de «virkelige» prosjektene som landet på mitt bord. Det var den gang vi i NIRAS sa at problemer søker seg dit hvor de blir løst. Og det ble kanskje min skjebne. (NIRAS: Opprinnelig et dansk

ingeniørselskap grunnlagt av J.K. Nielsen og K. Rauschen-
berger i 1956. (o.a.))

Jeg løste dem langt fra alltid selv, men jeg fikk dem som
regel løst med gode kollegaers hjelp.

Mitt lange liv med prosjekter har budt på mange gode
opplevelser. Men det har også innimellom vært prosjekter
som bare ikke ville bli riktige. Uhøflige prosjekter begynte
jeg å kalle dem, i mangel på en bedre betegnelse, det som
man på engelsk kaller wicked. Denne satans, irriterende
omkringreisende «tigeren», som jeg jo egentlig elsker, men
som igjen og igjen oppfører seg vilt og ustyrlig og som ødeleg-
ger min omhyggelige planlegging og min rolige nattesøvn.

Nå har jeg døpt det ustyrlig.

Disse syv essayene, småfortellingene, er i bunn og grunn
en kjærlighetserklæring til prosjektet. Vær ikke i tvil om det.
Gjennom et langt liv er jeg mer og mer kommet til å betrakte
prosjekter som levende vesener jeg omgis av. Litt på samme
måte som mine husdyr, mine barn og min familie.

Av samme grunn gjør det også vondt når jeg stadig vekk
ser hvordan prosjekter sporer av fordi de blir misforstått.
Eller rettere sagt: Fordi man ikke har forstått prosjektets
sanne natur.

Om dette handler disse essayene.

For vi vet det jo godt. Og ellers blir vi minnet på det igjen
og igjen. At vi ikke har riktig styring på dem, prosjektene.

Hver dag sin skandale er nærmest omkvedet. I går var det
IT. I dag er det de nye togsettene, kanskje utstyret til hæren
eller flyvåpnet og i morgen sikkert et stort byggeprosjekt. For
ikke minst bygg og anlegg er fylt med prosjekter som løper av
sted nærmest Out of Control, som Kevin Kelly kaller det i sin
meget underholdende bok med samme navn.[1]

Det er nok de færreste som er klar over hvor stor andel
prosjektproduksjonen utgjør av vår samlede økonomi. Men
vi snakker ikke om småpenger.

Vår årlige BNP utgjør rundt regnet 2.000 milliarder
danske kroner. Det er neppe helt feil å anta, at omtrent

halvparten, direkte eller indirekte, kan henføres til prosjekter. Meg bekjent tallfestes ikke beløpet, men det er et edruelig skjønn ut fra sammenlignbare beløp. Etter at vi har outsourcet masseproduksjonen til østen, har den langt overveiende delen av vår hjemlige produksjon en karakter av prosjektproduksjon.

Alene av den grunn, skulle man tro, burde det bli kanalisert store ressurser i å forske og utvikle og forbedre vår ledelse av disse prosjektene og vår håndtering av de prosessene som skaper denne prosjektproduksjonen.

Det er dessverre på ingen måte tilfellet.

Vi snakker altså om store tall. Alene bygge- og anleggssektoren står årlig for omkring 175 milliarder danske kroner. Når jeg senere forteller om sløsingen vi finner i all prosjektproduksjon, og jeg i den forbindelsen hevder at en produktivitetsøkning på 10% er et realistisk anslag for den type prosjekter jeg selv kjenner til, så snakker vi altså om et potensiale med kolossale perspektiver for såvel vår forretnings-, vår prosjekt- og vår nasjonaløkonomi.

En australsk undersøkelse fra 1992[2] viste at en forbedring av produktiviteten i bygge- og anleggssektoren på 10% ville bety en forbedring av BNP på ca. 2,5%. Hvilket, hvis det overføres til dansk økonomi, innebærer rundt regnet 50 milliarder danske kroner. Det kunne være prisen for et helt supersykehusprogram, hvert år, i tillegg til penger til forskning og undervisning.

Men la oss komme til saken.

1) Kelly, Kevin (1994): Out of Control – The New Biology of Machines, Social Systems, and the Economic World. Addison-Wesley Publishing Company.

2) Stoeckel, Andrew and Quirke, Derek (1992), Services: Setting The Agenda For Reform, Prepared by the Centre for International Economics for the Service Industries Research Program under the Department of Industry, Technology and Commerce, Australian Government.

Innledning

Disse essayene har lenge vært underveis. De er resultatet av et utviklingsprosjekt som jeg påbegynte i NIRAS mot slutten av 1980-tallet. Inspirert av Toyotas produksjonssystem og ikke minst av deres just-in-time logistikk, som alle snakket mye om den gangen. Men langt viktigere, inspirert av fornuftige kollegaer. Og ikke minst inspirert av hele Danmarks Marius, arkitekt Marius Kjeldsen (1924-2004), som i mange år hadde vært, og den gang stadig var, Boligministeriets tenkende drivkraft bak byggingens utvikling.

I NIRAS var vi en gruppe engasjerte medarbeidere fra byggingens hverdag som testet om denne Toyota-logistikken kunne virke. Og det kunne den!

Langt bedre enn vi hadde drømt om. Men tross et grundig forarbeid, forsto vi ikke hvorfor. Vi endte opp med en produktivitetsforbedring på omkring 20%, i tillegg til en lang rekke andre forbedringer. Men, sagt med min senere japanske guru Shigeo Shingos ord, kun med Know How. Og knapt nok det. Kanskje mest med vår egen sunne fornuft og mange års erfaring med prosjekter. Men på ingen måte med en Know Why.

Og så gikk det jo som det måtte gå. I de etterfølgende testene forsøkte en rekke av våre entusiastiske medarbeidere å forbedre vårt svært enkle styringssystem. Verre og verre gikk det. Inntil styringen ble lagt inn i deres IT-system sammen med tidsplanen. Hvorpå det gikk helt galt.[1]

Det hele ble oppgitt og gikk nesten i glemmeboken.

I 1999 fikk jeg imidlertid øynene opp for Lean Construction. Her fant jeg plutselig igjen de samme tankene, men nå så de ut til å virke. De gjaldt visst for California, men de virket. Sonja, min hustru og sparringspartner, og jeg reiste straks til Berkeley, hvor det skjedde, og vi møtte her for første gang De Tre Musketerene, som jeg siden døpte dem: Lauri Koskela, Glenn Ballard og Greg Howell. De ble sammen med sine familier våre personlige venner, som vi siden den gangen har holdt tett kontakt med.

Lauri Koskela er tenkeren bak hele min forståelse. Lauri tenker, noen ganger så det knaker, og det er fra ham nye synsvinkler dukker opp. Hvem ellers kunne finne på å ta fatt på prosjektets metafysikk med inspirasjon hos Aristoteles?

Det er hans avhandlinger og artikler og ikke minst hans TFV-teori, som er grunnlaget for min forståelse av det ustyrlige prosjektet, og ikke minst for min oppdagelse av betydningen av en god teori.

Glenn Ballard er mannen fra maskinrommet. Han er en kombinasjon av en fantastisk inspirerende og sprellevende forsker og en erfaren praktiker. Han begynte som en arbeider på byggeplassen som med tiden arbeidet seg opp til både formann og anleggsleder. Deretter studerte han videre til ingeniør. Senere fikk han en PhD og ble professor på Berkeley-universitet i California.

Han er mannen bak Last Planner, som er det helt sentrale systemet for den nye ledelsen av byggeprosessen, og han er forskeren som hele tiden kikker i krokene og stiller de relevante spørsmålene.

Det var Glenn, som ledet meg inn på betydningen av flyt i prosjektet.

Og så har vi Greg Howell. Greg er vår alles onkel. Han er ingeniør, en SeaBee offiser fra den amerikanske flåten og Vietnamveteran, professor og tenker. Greg tenker bredt, som meg selv, og langt ut over prosjektledelse i tradisjonell forstand. Som Lauri og Glenn bringer han nye tankerekker inn i spillet, og han krydrer dem som regel med anekdoter fra sitt eget spennende liv. (SeaBee = Kommer fra United States Naval Construction Battalions der forkortelsen C.B. står for Construction Battalions, som er blitt til SeaBee. (o.a.))

Det var Greg som fikk meg til å se på kompleksitetsteorien som forklaring på prosjektets ofte irrasjonelle oppførsel.

Hver for seg er de tre inspirerende tenkere, og som gruppe er de ganske enkelt enestående.

På denne turen til Berkeley, til den 7. konferansen i The International Group for Lean Construction (IGLC-7), fant jeg en ny, annerledes og dypere forståelse av prosjektet. Især hos Lauri Koskela, som presenterte sine tanker om en Transformation-Flow-Value-teori. Det var også Koskela som fortalte meg om den japanske produksjonsingeniøren Shigeo Shingos tanker, som langt på vei danner grunnlaget for The Toyota Production System.

Også styringsmetoden Last Planner, som Glenn Ballard hadde utviklet sammen med Greg Howell, dukket opp. Systemet minnet til forveksling på vårt Byggelogistikksystem, men de hadde altså fått det til å virke. De to systemene lignet hverandre, men et sted måtte det være en forskjell.

Det tok meg noen år å finne den, og ikke minst til å forstå den. Det var forståelsen av begrepet Flow (flyt) som var grunnlaget for deres tenkning. Lauri Koskela hadde bragt det på plass gjennom sin TFV-teori. Det hadde ikke inngått i vår tenkning.

De hadde dermed kommet et stort skritt lenger enn oss. Sagt med Shingos ord: Fordi de ikke bare hadde skapt en Know How, men like viktig, de hadde skapt en Know Why. Ikke akkurat helhetlig og ferdig, men de var på god vei. Det var en opplevelse som åpnet mine øyne for betydningen av en god teori.

Mine nye venner hadde også funnet et godt navn til Glenns metode: «The Last Planner System of Production Control» eller «Last Planner» i daglig tale. De snakket jo engelsk og kunne derfor forstås over det meste av verden. Så det ble Glenn som velfortjent vant kampen.

Og Last Planner er blitt en suksess. I dag er metoden nærmest blitt synonymt med Lean Construction, noe som er en overdreven forenkling. Og hva verre er: Last Planner er på grunn av sin suksess blitt belemret av velmente «forbedringer», slik også vi opplevde det i Byggelogistikk. Denne typen velmente forbedringer tilslører dessverre ofte Last Planners helt enkle budskap:

Skap pålitelighet!

Eller sagt med andre ord:

Sørg for at ting kan skje, når de skal skje,
og at de deretter vil skje.

Det er mannen på stedet, som som regel er den beste til å vurdere Skal-Kan-Vil-spørsmålet i den hektiske hverdagen.

Sjekk deretter at tingene virkelig skjedde som planlagt.

Finn årsakene til et hvert avvik og fjern dem med det samme.

Budskapet som ble borte

Et eller annet sted underveis i denne lange prosessen har jeg følt en trang til å få atskilt tenkningen fra metoden. Tenkningen er banebrytende i all sin enkelthet, og det er ikke på noen måte noe galt ved metoden i seg selv. Men den er i ferd med å bli en oppskrift, og etterhvert et monument, som deretter i det enkelte prosjektet garneres med overflødig krimskrams. Så med Shingos ord er den i ferd med å flytte seg fra Know Why til kun å være Know How.

I mine syv essays forsøker jeg å vende tilbake til selve problemet: Det ustyrlige prosjektet. Jeg prøver å bygge opp en bedre forståelse for hva det er vi har å gjøre med når vi iverksetter et prosjekt.

Altså med Shigeo Shingos kloke ord, å skape en Know Why.

Og hva kommer jeg så til å fortelle om?

Jeg sørger i mitt **FØRSTE ESSAY**, om det kaotiske prosjektet, for å stille det fundamentale spørsmålet om vi overhodet vet hva vi snakker om når vi snakker om prosjektet. Lauri Koskela peker på det forunderlige: Vi har en enorm litteratur om prosjektledelse, men vi har utrolig lite om prosjekter som produksjonsform. Kan det være her vi skal søke etter forklaringen?

Koskela byr selv på sin Transformation-Flow-Value teori, som er fundamental i min nye forståelse av prosjektet. Her tillater jeg meg å justere teorien litt, for å rette den inn mot prosjektet i praksis. Jeg graver samtidig dypere og finner at det er ganske mange aspekter av prosjektets natur vi ikke har undersøkt, og som derfor ikke inngår i vår tenkning, forståelse, organisering eller ledelse.

Samtidig legger jeg avstand til den klassiske forståelsen av prosjektet, som et Newtonsk urverk, og kaos begynner i stedet å true. Planer kan ikke lenger overholdes, og vi må tenke om fra begynnelsen igjen.

Med oppdagelsen fra første essay ser jeg i det **ANDRE ESSAYET** kritisk på dagens typiske forståelse av prosjektet. Dermed ser jeg også på ledelsen av det komplekse, dynamiske prosjektet som et ordnet system, og denne ledelsens mangler – tross avanserte styringssystemer.

Videre etablerer jeg en ny og bredere forståelse av prosjektets natur, og et langt mer inspirerende grunnlag for dets ledelse. Samtidig undersøker jeg det dynamiske prosjektet og dets svingninger mellom ordnet og kaotisk. Jeg forklarer det med analogi til de to tilstandene vi ingeniører kjenner fra hydraulikkens behandling av rennende vann: laminært eller turbulent. For hvor motvillig vi prosjektledere enn vil innrømme det, så balanserer prosjektet når det fungerer som best, alltid på denne kanten. Men hvem husker Reynolds tall?

I mitt **TREDJE ESSAY**, om det flytende prosjektet, tillater jeg meg å introdusere et ofte vemmelig begrep i mange praktikeres overveielser. Nemlig teori. Jeg tar Shingo på ordet og kikker litt i noen av de mange teoriene vi har til rådighet i vår nye tilgang på prosjektledelse. Ikke minst ingeniørvitenskaper som hydraulikk, kompleksitet og styring dukker opp her. Vi kan like det eller ei, men mye tyder på at vi må lære å balansere på kanten av kaos, hvis vi skal lede prosjektet optimalt. Og her kommer de sosiale vitenskapene også på banen. For til sist handler prosjektet jo om mennesker.

I det **FJERDE ESSAYET**, om det komplekse prosjektet, vil

mange kanskje mene at jeg sporer helt av. Men ta det rolig, jeg står på sikker grunn når jeg introduserer kompleksitet og kaos i min forståelse.

I det **FEMTE ESSAYET**, om det metodiske prosjektet, beveger jeg meg fra vel sprelske teorier tilbake til det ustyrlige prosjektet og dets hverdag. Jeg skisserer en ny måte å lede prosjektet på, slik jeg i dag ville gripe det an hvis det var et større byggeprosjekt. Ikke en veiledning, og knapt en manual, men overveielser rettet mot å utnytte teorien i praksis.

Det fører meg i det **SJETTE ESSAYET**, om det selvstendige prosjektet, til å reflektere over ledelse i kaos. Jeg trekker inn tanker som kan gjenkjennes fra ledelse i helt andre bransjer. Som for eksempel krigsfaget, hvor det som kjent også alltid skjer noe uventet. Når jeg bringer disse overveielsene i spill, skyldes det at det ustyrlige prosjektet jo i sakens natur risikerer å løpe løpsk, kombinert med at vi ikke bare kan holde det i ro med stram styring. Den optimale situasjonen eksisterer alltid på kanten av kaos, som jeg omtalte i det tredje essayet.

Det **SYVENDE ESSAYET**, om det levende prosjektet, er vel neppe en overraskende konsekvens av min nye kunnskap om prosjektledelse. Å lede det ustyrlige prosjektet dreier seg ikke bare om orden, disiplin, kontrakter, planer eller systemer, men om å skape pålitelighet og samarbeid, for dermed å hente den enorme produktivitetsgevinsten som gjemmer seg i prosjektet selv. Til fordel for alle dets deltakere.

Her kommer jeg naturlig inn på noen av de mange institusjonelle barrierene vi i dag har reist kring prosjektet og dets gjennomføring.

Dermed er historien fortalt. Selv om jeg forklarer den her, går det neppe videre av seg selv, til tross for at det er en spirende utvikling i gang rundt omkring oss. Men det er mye vi ikke vet eller ennå har fått samlet tilstrekklig kunnskap om. På mine tankefulle vandringer har jeg streifet forbi vitenskaper utenfor prosjektets sedvanlige univers: Hydraulikk, styringsteori, kaosteori, produksjonsteori, ledelsesteori og krigskunst, for å nevne noen. Jeg reflekterer derfor i mitt etterord på, hvordan all kunnskapen kan bringes i spill i vår håndtering av prosjektene som igjen og igjen trimmer oss i hverdagen.

De syv essayene tar sitt utgangspunkt i byggeprosjekter. Ikke kun fordi det er dem jeg har møtt flest av i mine mer enn 50 år som rådgivende ingeniør, men fordi bygg og anlegg er et sentralt element i utviklingen av vårt samfunn. Nettopp bredden i min egen erfaring gjør at jeg også kan se et generelt mønster i prosjekter hvor jeg personlig har sett metodene virke. I anleggsprosjekter, i utviklingen av IT systemer og i skipsbygging.

Essays er, som ordet sier, egne spekulasjoner. De er her fortalt i lyset av en livsalders arbeid med prosjekter. De er derfor også litt slentrende i sin stil. Men anekdoter er en vesentlig del av vår kulturarv og vår fastholdelse av kunnskap og erfaring. Jeg har faktisk for en del år siden skrevet en liten bok over dette emnet.[2]

Dette er med andre ord ikke en vitenskap, og mine essays har derfor med vilje ikke vært underlagt en formell vitenskapelig kritikk. De er og blir mine egne tanker. Som det står om essays i den Danske Ordbog: *"Kortere (åndfull og personlig) prosatekst om et bestemt emne, ofte av litterær eller filosofisk karakter."*

Noe av en utfordring, men jeg våger forsøket.

1) Hele denne historien er fyldig referert i Bertelsen, S (1993, 1994), Byggelogistikk - materialestyring i byggeprocessen vol. I and II, Boligministeriet SBI (1996): Introduktion til byggelogistik, SBI-anvisning 191, Statens Byggeforskningsinstitut.

2) Bertelsen, S. (1996): Om viten i vitenbaseret virksomhet. Foreningen av Rådgivende Ingeniører F.R.I.

Det kaotiske prosjektet

Hvor jeg kommer med det kjetterske spørsmålet om vi overhodet vet hva vi snakker om.

EN AV MINE KLIENTER, en erfaren byggherre, sa spontant for en del år siden midt under kvalitetssikringsreformen: *Aldri har vi hatt så mye kvalitetssikring i byggingen og så lite kvalitet.*

I dag kan vi på tilsvarende vis si, at aldri har vi hatt så mye prosjektstyring og samtidig så mange prosjekter som løper fra oss. Vi ser det overalt, og det skjer langt hyppigere, men historiene fortelles ikke. Jeg snakker ikke bare om bygg og anlegg, som er de svært synlige prosjektene, men også om de prosjektene som ofte lever i det skjulte. IT-systemer, for eksempel. Her kan man virkelig skape prosjekter som løper løpsk, og som til og med aldri blir avsluttet, men som må oppgis uten annet resultat enn et forbruk av et ukjent antall millioner. Så galt går det likevel sjeldent med byggeprosjektene.

Fiaskoene forklares ofte med prosjektenes stadig voksende kompleksitet. Kan være det er riktig, men prosjekter har alltid vært komplekse. Og selv om de kanskje er blitt mer og mer komplekse, har vi jo også fått bedre verktøy til å støtte oss i gjennomføringen. I tillegg finnes langt mer litteratur om prosjektledelse i form av forskningsresultater, lærebøker, anvisninger, veiledninger, kurs, sertifiseringer, managementkonsulenter og ... Ja, en helt ny og blomstrende industri har vokst opp omkring prosjektenes store og dystre kirkegård. Hvor ingen kommer og legger blomster, men hvor alle skynder seg bort og prøver å glemme.

Snarere skyldes det, kanskje, at våre prosjekter er blitt mer dynamiske. Empire State Building i New York, som i 1931 var verdens høyeste hus, ble bygget på 13 måneder. Hele prosjektet tok 21 måneder, fra de første skissene til innvielsen. Med materialer fra vidt omkring: Marmor fra Italia og stål fra Pennsylvania. Byggeplassen var bemannet av ufaglærte innvandrere fra Europa og Mohawk indianere fra upstate New York. Huset krøp opp med en etasje pr. dag. Det fantes verken SMS eller e-mail. Telefonsamtaler fra stat til stat var vanskelige. Tegningene måtte møysommelig tegnes for hånd, trykkes av en stinkende ammoniakkpresse og sendes med kurér i tog og skip over lange avstander.

Men huset står der. Noe som betyr at vi faktisk kan.

Kanskje er det snarere stikk motsatt. Verktøyene gjør oss overmodige, Dermed kaster vi oss ut i stadigt mere komplekse prosjekter, mens vi utvikler tilsvarende komplekse styringssystemer. Som egentlig ikke styrer, men ofte bare tilfører ytterligere kompleksitet. Det blir altså en ond sirkel som vi selv skaper.

Det er sikkert riktig at prosjekter blir stadigt mere komplekse, men hvorfor takler vi ikke kompleksiteten i seg selv? Vi klarer kanskje ikke å eliminere den. Men hva med systematisk å redusere kompleksiteten, og ikke minst ved å akseptere og forstå den, og dermed gjøre den håndterbar?

For kompleksitet finner vi alle steder, og i dag er forståelsen av komplekse systemer blitt en vitenskap som virkelig kan lære oss noe.

Altså ved å benytte det som formelt kalles kompleksitetsteorien og i daglig tale ofte benevnes kaosteorien.

Jeg sier dette ikke for moro skyld. Jeg mener alvorlig at vi skal stoppe opp, tenke helt forfra og begynne å forstå prosjektet som det komplekse system det er, og som det alltid har vært. Vi må lære av kompleksitetsteorien, som nettopp behandler kaos, men på en strukturert og logisk måte.

Det er en stor utfordring, for det innebærer et brudd med nesten 500 års tenkning med vårt klassiske, rasjonelle og naturvitenskapelige verdensbilde.

Vi henger fast i renessansens verdensbilde

Mange av de problemene vi slåss med i vår daglige kamp med å få prosjektet gjennomført riktig, skyldes ganske enkelt at vår mentale modell er feil. I vår del av verden er vi alle oppdratt med renessansens logiske og rasjonelle verdensbilde. Det sier at alt kan forklares og forstås, bare vi tenker systematisk.

Min historielærer på ungdomsskolen – det som i dag visst heter 7.-10. klasse – var svært opptatt av renessansen, og hans malende beskrivelser ligger stadig dypt i min erindring. Om hvordan rikdommen, som gjennom handel og med regnekunsten ble samlet i Middelhavsområdet, ga overskudd og insitament til de store oppdagelsesreisene. Som igjen bragte ytterligere rikdom. Og om hvordan en stadig mer selvbevisst vitenskap utfordret kirkens verdensbilde og fikk forståelsen av universet bragt på plass. Det var ikke lenger jorden som var universets sentrum, men solen. Planetenes kretsløp ble forklart gjennom Newtons lover, blant annet med bakgrunn i Tyco Brahes observasjoner og Johannes Keplers fortolkning. Sist, men ikke minst, har vi boktrykkerkunsten, som var den tids revolusjonerende informasjons- og kommunikasjonsteknologi. Den gjorde samarbeid og ideutveksling over store avstander langt mer effektiv enn tidligere sett.

Verden ble som et urverk. Forstår vi enkeltdelene, forstår vi også helheten. Det var den underliggende tenkningen.

Jeg unngår kunsten, som jeg om mulig kan enda mindre om. Men likevel. Perspektivet i Leonardo da Vincis Nadver var vel også en rasjonell analyse av vårt verdensbilde. Så har vi gode gamle Johan Sebastian Bach, med sine Brandenburg konserter, som for en ingeniør kan virke like så behagelige som lyden av en velsmurt maskin; ordnet, taktfast og skjønn. Vi utgår i fra at det er urverket som er idealet, men vi er uendelig langt fra Østens myke flyt av toner.

Kanskje ligger det her en forklaring på Toyotas suksessfylte forståelse av flyt? Den tyske tenkningen om flyt i produksjonen snakker om «Takt», hvilket også preget Fords samlebånd. På overflaten preget takt også Toyota, men tilgangen til feil var avgjørende forskjellig. Toyota brukte feil til å lære av, mens man i vesten anså feilene som en synd. I produksjonen i vesten skulle man skjule og hurtig forsøke å glemme dem. Tenk bare på den rikdom av erfaring som må gjemme seg i bunken av prosjekter i alle størrelser som hvert år slår feil. Ville det ikke være rimelig om vi avsatte kun en promille av prosjektets omkostninger til en «post mortem» undersøkelse? Ikke bare lagre rapportene i *Byggeriets Evaluerings Center*, men heller gjøre en dypere vurdering av hva vi lærte, og især hva vi lærte av de prosjektene som gikk galt. (Byggeriets Evaluerings Center: Stiftet i 2002 av den danske byggenæringens organisasjoner. Blant medlemmene finnes byggherrer, rådgivere og entreprenører. (o.a.))

Uten kritikk, ingen karakterbok, men en ydmyk læringsprosess i erkjennelse av at vi er kommet på villspor.

Igjen har vi to vidt forskjellige tankeganger med opphav i hvert sitt verdensbilde. Det er trolig det samme vi ser i de to forskjellige kulturenes vekting av effektive operasjoner. Pålitelig flyt synes å være det primære kriteriet i Østen.

Den franske filosofen Piérre Simon de Laplace (1749-1829) formulerte fundamentet for vår vestlige tro på prosjektledelse noenlunde som følger:

«Prosjektets status i dag er naturligvis et resultat av hva det var i går. Hvis vi forstiller oss en prosjektledelse, som på et gitt tidspunkt var i stand til å ha oversikt over samtlige deltakere og forstå deres relasjoner i og utenfor prosjektet, så ville denne prosjektledelsen være i stand til å vise prosjektets og samtlige dets deltakeres situasjon og aktiviteter og den derav samlede effekten til ethvert tidpunkt i fortid, nåtid og fremtid.» [1]

Hallo! Her har vi beskrivelsen av den perfekte prosjektledelsen, sagt for mer enn 250 år siden.

Jeg har tillatt meg ikke bare å oversette de Laplaces utsagn, men også å fornorske og modernisere språket litt med ord fra prosjektets hverdag. Men meningen er tydelig: Verden, og dermed også prosjektet, er som et urverk. Når alle tannhjulene er på plass og smurte, så kjører det hele bare på. Prosjektledelsen kan så å si dreie på forward-knappen og se hvor prosjektet vil være om en måned eller to, helt frem til den planlagte ferdigstillelsen.

Det er denne mekaniske forståelsen, at alt kan forutsies, som har ledet oss til dagens tro på planlegging og styring. Ikke minst har den ledet oss til troen på at planer kan følges, hvilket i min forståelse er den fundamentale feilen i dagens prosjektledelse.

Planer holder nemlig aldri. Ikke fordi de er dårlige, men fordi de ikke kan holde!

Djevelen ligger i detaljene

de Laplace hadde i all sin logikk ignorert en enkel liten detalj, som de fleste andre av den tidens tenkere.

Når Newtons lover enkelt og vakkert kunne forklare månens bevegelse rundt jorden og jordens bevegelse rundt solen, måtte man naturligvis også kunne forklare hele universets bevegelser med vakre ligninger. Man antok med andre ord, at verden kunne forklares som et matematisk system hvor man kun skulle løse ligningene. Det var ganske visst ikke så enkelt når både solen, jorden og månen inngikk i systemet, men så kunne man i hvert fall skritt for skritt beregne himmellegemenes tilstand. Som de Laplace hadde sagt. Møysommelig, men logisk. Man visste altså godt at den egentlige sannheten skulle finnes i de ikke-lineære ligningene når man gikk fra to til tre legemer, altså solen, jorden og månen under ett. Men i praksis var den slags ligninger nærmest umulige å behandle med de metodene og verktøyene som den gang sto til rådighet. Så man forenklet problemet og antok at de små unøyaktighetene som dermed oppsto, neppe betydde noe vesentlig. Man var jo likevel kun ute etter det store bildet.

I det store og hele virket det jo også. Verden virket forutsigbar, selv om planene stadig var vanskelige å overholde.

Da Lorenz' sommerfugl brakte kaoset tilbake

Den amerikanske meteorologen Edward Lorenz (1917-2008) var stolt av sin nyervervelse på MIT i 1961: En digital computer. Noe ganske nytt og spennende.

Det var i de årene hvor disse «elektronhjernene» slapp ut av fangenskapet, som Regnecentralens DASK i villaen i Valby. Med transistorer i stedet for radiorør begynte de raskt å bevege seg mot våre dagers PCer, tablets og mobiltelefoner. Den gangen var det magi. Nå kunne alminnelige akademikere skrive program til disse maskinene på et noenlunde forståelig matematisk språk. Visjonære ingeniører hadde alt skrevet andre program som kunne oversette den matematiske teksten til maskinens krav om en lang rekke nuller og ettall. 10011101100011 osv. Nå gjaldt:

```
Xt + 1 = X + 10*(Y - X)
Yt + 1 = Y + X*(25 - Z)
Zt + 1 = Z + X*Y - 8/3*Z
```

Egentlig uttrykker ligningene, svært forenklet, balansen i atmosfæren ved X, Y og Z, og de sier hvordan balansen vil se ut et skritt frem i tid. Men de kan ikke umiddelbart løses fordi de, så å si, biter hverandre i halen. De danner et dynamisk system. Går man et skritt videre til Xt+1, så endrer Y og Z seg også, og X følger med.

For ikke-matematikere kunne man kanskje forklare det dynamiske systemet, som ligningene uttrykker, med en parallell. X, Y og Z er tre barn, Sanne, Thyge og Søren, som leker sammen. Deres utgangssituasjon er X, Y og Z. Om litt, sier ligningene, har Sannes situasjon endret seg med ti ganger forskjellen mellom Thyges og Sørens nåværende situasjon. Det kan være at Thyge og Søren slåss om gyngen, noe som vil påvirke Sannes mulighet for å gynge. Thyges nye situasjon er forklart ved hensynet til Sanne, men også påvirket av Sørens innblanding. Søren selv er påvirket av den kombinerte motstanden fra Sanne og Thyge, men redusert med at han selv stritter i mot.

Kanskje ikke helt enkelt formulert, men når er tre barns voldsomme lek enkelt formulert?

Fenomenet hadde opptatt matematikerne i århundreder, men de måtte lenge nøye seg med blyant og papir. Det kom de ingen vei med. Meteorologen Lorentz derimot, som så ligningene som en simpel modell av værsystemet, hadde fått en elektronisk regnemaskin til rådighet. Han forventet med dens hjelp å kunne beregne seg frem gjennom dets utvikling skritt for skritt. Vi gjenkjenner de Laplaces tenkning om å forutsi situasjonen fra i dag til tilstanden i morgen. Naturligvis visste Lorenz godt at han ikke hadde alle elementene med i sin svært grove modell med de tre ligningene, men han forventet at de små unøyaktighetene ville forbli små. For de var jo små og uskyldige, så i det store bildet...

Han fikk formlene inn i maskinen og sjekket at den kjørte riktig. Så satte han seg ned og ventet. Datamaskinene den gang gikk langt langsommere enn selv en mobil fra før vi fikk smartphones. Det tok altså sin tid. Vesentlig for kaosteoriens begynnelse var at output fra Lorenz' datamaskin skjedde på en såkalt teletype-skriver. Det var en elektrisk skrivemaskin som trykket ut resultatene på en papirrull.

Alt dette tok tid. Mens maskinen trofast gnagde videre på de tre ligningene, luntet Lorenz ned gangen for å få en kopp kaffe. Da han kom tilbake, var printerens papirrulle imidlertid brukt opp. En ny rull skulle settes i, og beregningene skulle startes igjen. For god ordens skyld startet han ikke maskinen fra de resultatene den var nådd frem til, men han gikk noen skritt tilbake for å skape en solid overlapp. Og så kjørte han i gang igjen.

Stor var imidlertid hans overraskelse da overlappen ikke passet, noe som raskt ble synlig. Den værvarslingen hans første simulering hadde produsert, stemte på ingen måte med den som den nye var i gang med.

Mystisk! Han hadde jo startet med det samme utgangspunktet og med like formler og regler. Likevel kunne de to beregningene ikke overlappes. Det var jo ikke naturen eller menneskene han hadde undersøkt, men bare matematikk og formler. Så hvor lå feilen?

I datamaskinen naturligvis. Den hadde lurt ham da han skiftet papir. Den hadde gjemt noen desimaler langt ute i rekken av resultater enn den hadde vist Lorenz i utskriften. Lorenz startet altså ikke på eksakt det stedet han var kommet til, men han startet med et ubetydelig lite avvik.

Det Lorenz hadde funnet var egentlig ikke noe nytt, som matematikere omkring ham med en viss rett hevdet. Hans modell, så enkel den enn var, hadde tatt fatt i det de kalte et ikke-lineært system. Det hørte til i en klasse av problemer man godt visste eksisterte, men som man i det store og hele hadde latt ligge. De var så vanskelige å håndtere. Man oppfattet dem som kuriøse særtilfeller og tilnærmet seg dem i praksis med lineære systemer. Lineære systemer ga ligninger som var håndterbare.

Det rasjonelle verdensbildet slo gjennom igjen, selv om det fantes enkelte skeptiske røster.

Lorenz skrev en artikkel om sin oppdagelse med tittelen:

Kan en sommerfugl som flakser med vingene i Brasil, utløse en tornado i Texas? [2]

Han kunne imidlertid ikke få artikkelen publisert, verken blant meteorologer eller matematikere. For matematikerne var det jo egentlig ikke noe nytt. For værprofetene derimot var det alt for nytt.

Det lyktes først ti år senere. Rent faktisk hadde det allerede vært enkelte matematikere som luktet problemet langt tidligere.

Det kan skje at små forskjeller i utgangspunktet påvirker store forskjeller i sluttresultatet. Små feil forblir ikke små, og forutsigelsen blir umulig.

Så klart og presist skjøt den franske matematikeren Henri Poincaré (1854-1912) hele fundamentet under de Laplaces forståelse av planlegging i grus allerede i 1882. Og det var dette Edward Lorenz gjenoppdaget da han hentet en kopp kaffe den aftenen i 1961 på MIT i Boston.

Kaos var gjenoppdaget!

Som Lorenz selv uttrykte det:

To tilstander, som ligger uendelig tett inntil hverandre, kan utvikle seg til to komplett forskjellige tilstander. I ethvert realistisk system synes feil uunngåelige. En enkel forutsigelse om en fremtidig tilstand, kan likevel være umulig. ... Presise (vær)forutsigelser synes ikke å være mulige.

Prosjektet
Alt dette nymotens er da bare teori, mente mange. I virkelighetens verden, som i byggeprosjekter med sterke håndverkere og store gule maskiner, kunne man nok holde styr på tingene, selv om det fantes et par sommerfugler her og der. Så man fortsatte som før, og det gjør man stort sett fortsatt femti år senere.

Ser vi på dagens prosjektproduksjon gjenfinner vi derfor stadig Newtons og de Laplaces tanker. Prosjektet kan planlegges med større eller mindre detaljeringsgrad, hvorpå man har en plan å følge. Og det gjør man. Prosjektet ses som et urverk hvor alle enkeltdelene skal forstås og utvikles i henhold til planen. Så virker uret som det skal. I byggingen deler man det typisk opp i deloppgaver som delegeres til ulike deltakende virksomheter, som arkitekter, ingeniører, håndverkere og leverandører. Alle velges med laveste pris som kriterium, med den logiske forventningen at laveste pris på hver av delene tilsammen resulterer i de laveste samlede kostnadene.

Hvis totalbudsjettet kan overholdes med alle disse prisene, starter man i henhold til planen. Og hva skjer så? Akkurat det samme som i Lorenz' simulering: Prosjektet følger ikke planen.

Hoppsan! Det var ikke så bra. Planen må oppdateres. Det snakkes alvorsord med de involverte deltakerne, som nikker og forsøker å innrette seg. Men været er de jo ikke herre over, og det skjer jo også hele tiden så mye uforutsett. Og ofte noe ganske utenkelig. En uke eller to senere passer planen ikke, igjen. Det hele gjentar seg. Det snakkes med litt større bokstaver, avvik justeres og planen oppdateres. Det hele fortsetter mens pengene strømmer ut av kassen og tiden løper.

I mellomtiden implementeres flere avanserte såkalte styringssystem. Det omorganiseres og skiftes ut. Papirmengdene vokser, og det holdes møter på kryss og tvers. Intet synes å hjelpe. I takt med at pengene fosser ut, blir det skåret ned på ambisjonene i det endelige resultatet, mens prisene presses enda en gang. Og tiden går.

Alle banner, roper og skriker, men til ingen nytte. Det ustyrlige prosjektet har sitt eget liv, og planene kan vise hva de vil. Det påvirker tilsynelatende ikke prosjektet i det hele tatt.

Systemene
Jeg har i mitt lange liv som prosjektleder møtt tallrike nymotens verktøy, som skulle frelse verden og hjelpe mitt

prosjekt. Som jeg dengang trodde på. Fra 1960-tallets PERT (Program Evaluation and Review Technique (o.a.)), som i dag nesten er glemt, og den samtidige CPM (Critical Path Method (o.a.)), som stadig lever i beste velgående blant annet som MS Project med varianter i ulike forkledninger. I tidsplanleggingen har vi også benyttet Ganttkart, blant alminnelige brukere kalt stolpediagram, og i det siste den nye åpenbaringen: Line of Balance, også kalt Location Based Management. Eller rett og slett syklusdiagram (Cyklogrammer).

Stolpediagram og CPM bygger på den enkle antakelsen at prosjektet består av en rekke arbeidsoppgaver, som jeg heretter kaller operasjoner, som skal utføres i en bestemt rekkefølge for å nå målet. Akkurat som en oppskrift i kokeboken. PERT gjør tilsynelatende det samme, men med en liten og som regel oversett forskjell: PERT ser ikke på operasjonene, men på deres forutsetninger, og dermed faktisk på flyten. Men det overså de fleste, og i dag er metoden visst historie.

CPM var langt mer logisk å arbeide med. Her så man på operasjonene, altså på kontraktene, hvor det så å si skjedde noe og hvor pengene ble brukt. Så var det alle it-systemene som understøttet metoden. Man overså derimot at det er andre forutsetninger for at en operasjon kan utføres enn kun den at de foregående arbeidene er avsluttet. Forutsetninger som for eksempel materialer, plass og mannskap. Her kom Line of Balance inn og koblet sammen disse tre tingene i det såkalte syklusdiagram, som i dag av mange anses for å være state of the art innen prosjektstyring.

Graver man dypere bak tenkningen, er det stadig forståelsen av prosjektet som en ordnet rekke av operasjoner som er det fremtredende. Newtons urverk, nå med dukker som beveger seg ved timeslagene, som i de bayerske tårnklokkene.

I byggingen skrider prosjektet normalt fremover i dette kaotiske miljøet hvor ingen synes å ha makt over tingene. Vanligvis når man også til veis ende med et brukbart resultat. Sjeldent det helt beste, men likevel brukbart. Og selv om budsjettet ble overskredet og resultatet ble forsinket, så ble det da ferdig og tatt i bruk.

Andre steder skjer det ikke sjeldent at prosjektet blir avsluttet uten noe brukbart resultat. Det slutter bare fordi man ikke gidder å slåss mer med det, og for øvrig har man i mellomtiden funnet en annen løsning. Spør bare IT-verdenen.

Ingen synes å ta Lorenz alvorlig.

Vender vi oss mot prosjektledelsens tenkning og handlinger, ser vi at den tross betegnelsen ledelse på ingen måte leder prosjektet. Den administrerer kun planer og kontrakter i den tro at hvis alle deler i urverket gjør som de skal, så fungerer også tårnklokken.

Men det gjør det bare så sjeldent.

Behøver det virkelig å være slik?
Det er her jeg stopper opp og spør om det virkelig behøver å være slik. Skal prosjekter alltid ende som mareritt for alle de involverte, eller i hvert fall for noen av deltakerne? Behøver prosjektet å bli en krig med tallrike ofre og lidelser, hvor kun noen få vender glade og stolte hjem, hvis noen overhodet?

Prosjektet er i dag ofte som en krig. Ikke mot en fiende, men mot det uventede, det uforutsette og det usannsynlige. Alt dette kan vi kanskje til en viss grad endre, men kun til en viss grad. Heretter kreves det at vi stopper helt opp og tenker oss om.

Der er noe fundamentalt feil i vår forståelse av det prosjektet som vi maser og styrer med. Det er som et levende vesen, som ikke vil bli irettesagt. Det er ikke som et Newtonsk urverk, med kun enkelte små feil.

Så i stedet for stadig å småkorrigere og forbedre, uten å vite om mine korrigeringer faktisk forbedrer, vil jeg heller vaske tavlen ren og begynne helt fra start. Dette ut fra en hypotese om at vår nåværende forståelse av prosjektet er utilstrekkelig.

Prosjektet er slett ikke som de Laplace, Newton og alle de øvrige tenkerne mente, og ei heller som vi lærte i skolen.

Komplekse systemer er ikke ordnede og forutsigelige som maskiner, men nettopp kaotiske og uforutsigelige. Slik som Niels Bohr overrasket Einstein ved å hevde i sin kvanteteori, og som Lorenz oppdaget med sine værutsikter.

Framfor å kjempe med dette ustyrlige vesenet, la oss i stedet stoppe opp og prøve å forstå dets natur, før vi snakker videre om hvordan vi kan temme det.

For å si det kort, og før jeg går videre i mine overveielser om prosjektet, dets natur og dets ledelse: Jeg mener at vår forståelse av prosjektet og av hele den verdenen som omgir det, er feil. Ikke bare litt feil, men fundamentalt feil, og at denne feilaktige forståelsen er som en muggsopp som brer seg både oppover, nedover og ut til sidene i hele vår håndtering av prosjektet.

Og i mellomtiden kveles vi i strømmen av prosjekter som kjører av sporet.

Gå selv ut og se

Tar du på vernesko og hjelm for med egne øyne å gå ut og se på den sløsingen som finner sted i hvert eneste bygge-prosjekt hver eneste dag, og som alle åpenbart ser som noe ganske naturlig, så finner du at det kun er en tredjedel av håndverkernes arbeidstid som egentlig brukes til å bygge. En annen tredjedel går med på å forberede arbeidet, mens den siste tredjedelen er venting.

Alene dette faktum at det kun er en tredjedel av tiden vi benytter til bygging, burde få oss til å stoppe opp, tenke om igjen, forstå det ustyrlige prosjektet og finne nye veier til å tøyle hele dets dynamikk.

1) Traité de mécanique céleste.

2) Lorenz, Edward (1972): Predictability: Does the Flap of a Butterfly's Wings in Brazil Set off a Tornado in Texas? Presented at the 13th meeting of the American Association for the Advancement of Science, Washington DC, December 29, 1972.

Det dynamiske prosjektet

*Hvor jeg kommer på sporet
av kreftene som er i spill i
prosjektet*

I 1991 STILTE DEN UNGE FINSKE INGENIØREN Lauri Koskela nesten det samme spørsmålet som vi selv i NIRAS hadde stilt oss noen år tidligere: Om den moderne, japanske produksjonsforståelsen kunne benyttes i byggingen.

Lauri Koskela var, og er, imidlertid forsker, og han studerte på det tidspunktet på Stanford University i California. Resultatet av hans overveielser ble derfor først en kortere analyse i 1992[1] og senere hans banebrytende PhD-avhandling fra 2000[2]. I dette arbeidet konstaterte han, at mens det forelå ganske mye teori om masseproduksjon, var prosjektproduksjon bemerkelsesverdig spinkelt behandlet. Faktisk var det ikke en samlet underliggende teori for hva et prosjekt var, og hvordan det derfor skulle behandles. Ganske tankevekkende i lyset av all den litteratur om prosjektledelse som forelå allerede den gangen.

Koskela så på hvordan forståelsen av begrepet produksjon i fremstillingsindustrien hadde utviklet seg siden Adam Schmidt og Frederick Taylor, og han konstaterte at det grovt sagt var skjedd i tre trinn. Opprinnelig hadde man sett på produksjonen som en rekke ordnede bearbeidingsprosesser, transformasjoner, hvor materialer skiftet form og gradvis vokste i verdi frem mot det ferdige produktet. Senere oppsto en forståelse av at produksjonen også måtte ses på som en flyt, hvor produktet beveget seg gjennom produksjonssystemet i en stadig kjede av bearbeiding, inspeksjon, transport og venting. Altså fire slags operasjoner som alle utløste omkostninger, men hvor bare bearbeidingen bidro til produktets verdi.

Det var med den samme iakttagelsen at Shingo hadde konstatert at det var to slags aktiviteter i produksjonen: Den verdiskapende og sløsingen. Noe sløsing var kanskje nødvendig sløsing, sa han, men sløsing var det likevel, og sløsing måtte elimineres dersom prosessen skulle effektiviseres. Her ble grunnen lagt til Toyotas effektive produksjon hvor nettopp flyt og reduksjon av sløsing er nøkkelen.

Endelig kom det altså mot slutten av det 20. århundre en tredje erkjennelse, nemlig at produksjon også er verdiskaping. Skapes det ikke verdi er produksjonen i seg selv meningsløs og altså ren sløsing.

Det var disse logiske argumentene som Koskela fikk stilt sammen som et grunnlag for en ny forståelse av prosjektet. Det er i dag kjent som Transformation-Flow-Value teorien, eller TFV-teorien. Den ble en avgjørende erkjennelse for utviklingen av en ny og bedre form for prosjektstyring, kjent under betegnelsen Lean Construction. I Danmark kjent som *Trimmet Byggeri*.

Koskela valgte av historiske årsaker å holde fast på ordet *Transformation*, hvor Shingos betegnelse *Operation* i min forståelse er mer dekkende ut fra et produksjonsperspektiv. Med begrepet operasjon får vi nemlig også fatt i de ikke-verdiskapende aktivitetene som inspeksjon, venting og transport, som jo også er elementer i prosessen. Og fordi verdiskapingen så åpenbart er det viktigste ved prosjektet, har jeg valgt å døpe om teorien til: *The Value-Flow-Operations theory*, eller VFO-teorien.

Hittil hadde prosjektstyring bare interessert seg for den ordnede rekkefølgen av arbeidsoppgaver; transformasjoner, aktiviteter, operasjoner, fagentrepriser eller hva de nå kalles. Nå kom plutselig flyt som verdi på banen, og kabalen løste seg i et vakkert mønster.

Prosjektets evige trekant falt på plass. Og dermed også et helt nytt grunnlag for dets ledelse.

Prosjektets Evige Trekant
Ethvert prosjekt utspiller seg i kryssningen mellom å skape den ønskede verdien, å gjøre det til rett tid og å gjøre det til gitt kostnad. De tre aspektene står alltid i en eller annen grad av motstrid til hverandre, hvilket naturlig leder til at de må forstås, følges og styres hver for seg. Det må skje i en koordinert helhet. Man skal vite hvilken knapp som skal vris når man gjør en justering, og man må vite hvordan dette påvirker de to andre parameterne. Dilemmaet var ikke nytt, men nå var det en logikk for dets behandling.

Verdi
Med tilgangen til VFO står det straks klart hvor verdien hører hjemme. Å forstå og styre verdibegrepet er etter min mening trolig den største utfordringen i prosjektets hverdag. Spesielt fordi vi ikke har et objektivt mål for verdi, på samme måte som vi ikke har det for skjønnhet. I byggingen finnes det en hel vitenskap om dette emnet, nemlig den om arkitekturen med egne universiteter og egen forskning. I den klassiske arkitekturforståelsen snakker den romerske arkitekten og ingeniøren Vitruvius i sitt hovedverk de Architectura[3] om Utilitas, Venustas og Firmitas, dvs. Nytte, Skjønnhet og Holdbarhet som de synsvinklene arkitekturen skal vurderes etter. Når jeg selv tolker perspektivene, så er det jo brukerne som

tenker over nytten, omverdenen (altså alle oss andre) som ser på skjønnheten og eieren som ser på holdbarheten.

Men det er ikke det hele. Når vi kommer til prosjektet, inngår det også et tidsperspektiv i verdien.

Med denne oppfattelsen kan man legge til et verdiperspektiv på prosjektet mens det gjennomføres, et annet når det er ferdig og resultatet tas i bruk og endelig et tredje for ettertiden. Især i Europa har vi en forkjærlighet for å beholde og renovere våre hus og bevare våre byer. Men når skal vi bevare, og når burde vi heller rive ned og bygge nytt? En balanse mellom modernisme og museum.

Andre prosjekter kan ha andre vektinger mellom såvel interessentene som de tre tidsperspektivene. Men, som jeg ser det, finnes de ni perspektivene i alle de typene av prosjekter jeg kan komme på: Fra krigføring via organisasjonsendringer, utvikling av it-systemer, skipsbygging, anleggsprosjekt til byggeprosjekt. De tre gruppene av interessenter vil alltid være der, og de tre tidsperspektivene likeså. Sånn er det bare.

Men det finnes en felle gjemt her. Vi har nemlig å gjøre med to svært forskjellige former for verdi som vi dessverre kaller det samme. Mens eiendomsmegleren har sin mening om husets verdi, altså salgsverdien, kan eieren godt ha en helt annen, nemlig bruksverdien. Det kan dreie seg om gode naboer, barnas lekekamerater eller et særlig godt epletre i hagen. Dette er ofte vanskelig å formulere og umulig å forklare, enn si å prisantyde i salgsbrosjyren.

Mer teoretisk kan man snakke om *Value in Use* og *Value in Transaction*, altså bruksverdi og salgsverdi, og det er her vi opplever problemet i vår hverdag.

I Boligministeriets (1947-2001) siste store initiativ, «Projekt Hus», foreslo departementets unge departementsråd Gert Vig den provoserende overskriften «Dobbelt Verdi til Halv Pris». Han utfordret dermed alle grenene av byggesektoren til å være med i en nytenkning av byggeprosessen. Det var i en periode med optimisme, og det var ingen problemer med å bemanne de ti såkalte temagruppene. Man satte i gang med å formulere et program for en 10-årig utviklingsinnsats, særskilt drevet av den almenne byggingen. Nettopp den almenne boligsektoren hadde jo vært motoren i byggingens industrialisering etter den andre verdenskrigen. Den hadde dengang vist sin evne til å skyve produktiviteten i været, øke kvaliteten og gjøre det økonomisk overkommelig for den ufaglærte arbeideren å flytte inn med sin familie i en av disse moderne boligene som han selv hadde vært med på å bygge. Boligministeriet hadde en solid historie å bygge på, og de hadde samtidig visjonene.

Og så gikk man i gang. I over et år kastet omtrent 150 engasjerte ledere fra alle grener av industrien seg over denne utfordringen til fornyelse.

Nesten fra dag en kjørte man seg imidlertid fast i problemet om definisjonen av verdi, og ikke minst dobbelt verdi, fordi man ikke fikk avklart med seg selv om man mente bruksverdi eller salgsverdi. Hvor intensjonen fra start nok hadde vært bruksverdi, så fikk en markant eiendomsmegler ut fra sitt synspunkt dreid det hele til å handle om salgsverdi. Og en masse kreativitet gikk tapt.

Der er senere gjort flere forsøk på å ta emnet opp igjen, men jeg har fortsatt til gode å se verdiledelse i praksis gjennom hele prosjektets levetid.

Flyt

I noen andre av Prosjekt Hus-gruppene skjedde det til gjengjeld noe. Ikke minst i den arbeidsgruppen som arbeidet med industrialiserte prosesser. Formannen her, direktør Peter Henningsen fra Højgaard & Schultz, kjente til erfaringene med Byggelogistikk, og i NIRAS fant vi lean construction verktøyet Last Planner. Sammen satte vi i gang en pilot på et stort boligprosjekt, Charlottehaven på Østerbro i København. Vi laget en avtale om at NIRAS skulle hjelpe dem på en «no cure no pay» basis. Vi fikk altså ikke noe honorar hvis metoden ikke virket, men til gjengjeld kunne vi tjene opp til det dobbelte av det normale hvis metoden virket så godt som vi hevdet.

Så gikk vi i gang, og til alles forbløffelse – også vår egen – virket det fra dag en. Den truende forsinkelsen ble innhentet, det ble tjent penger hos såvel lag som hos underentreprenørene, og byggherren, en erfaren internasjonal aktør, var dypt imponert. Alle var glade, og det var med store glis at vi fikk betalt vårt dobbelte honorar.

Operasjonene hadde vært der hele tiden

Operasjoner var det begrepet man hele tiden hadde kjent til. De uttrykte jo kun de oppgavene man i prosjektet så å si kjøpte fra de enkelte deltakerne, som i byggingen for eksempel var mureren, tømreren, rørleggeren, maleren. De leverte hver sin del til festen som i sum ble deres bidrag til det ferdige huset. Huset skulle heretter forhåpentligvis leve opp til byggherrens forventning om verdi. Det var også her pengene rant ut. Hver deltaker skulle jo betales for såvel arbeidsinnsats som for sine leveranser av materialer og bruk av materiell. Denne transaksjonsorienterte tenkningen var grunnlaget for styringen av prosjektet med systemer som CPM.

Det nye var flyten

Mens verdi ikke ble sett på som et egentlig nytt element i prosjektledelsen, arkitektur var tross alt et klassisk fag i byggingen, og operasjoner var det som man alltid hadde forsøkt å styre, så ga forståelsen av prosessen som en flyt overraskende nye erkjennelser. Det er her vi stadig finner det avgjørende nye i Trimmet Bygging, på samme måte som man i masseproduksjonen hadde funnet det mange år tidligere hos Toyota.

Her brøt vi ganske avgjørende med det klassiske styringsfokuset på de enkelte arbeidsoppgavene og begynte i stedet å se på deres sammenheng. Det vesentlige ble ikke selve fremdriften i murerens arbeid, men hva han kunne «frigi» av ferdig arbeid til tømreren å arbeide videre med. Pålitelighet ble et begrep som fikk en helt ny mening. I overleveringen fra et fag til det etterfølgende var det ikke lenger «nesten» som gjaldt. Enten var det klart, eller så var det ikke klart. Nesten klart betød det samme som ikke klart. Det ble som i et hurtig ballspill hvor kun den presise pasningen teller.

Nå var byggingen ikke lenger bare en sum av de enkelte håndverkernes operasjoner, men et teamwork. Den enkeltes evne til å utføre egne oppgaver var noe selvfølgelig, og samspillet ble det sentrale. I hverdagen oppsto begreper som ferdig og helt ferdig. De var uttrykk for at den som avleverte, meldte seg ferdig, og den som mottok meldte det helt ferdig, gitt at det mottatte resultatet var godkjent og i orden og den påfølgende operasjonen kunne starte umiddelbart. Også de øvrige forutsetningene for en sunn oppstart måtte være i orden.

Denne tenkningen ledet naturlig til delegering. I praksis var det jo kun mannen på stedet, altså den faglærte håndverkeren, som kunne konstatere om en operasjon var helt ferdig og om det var klart til at han straks kunne begynne. Alt dette ledet igjen naturlig til samarbeid og koordinering på de laveste nivåene.

De sosiale vitenskapene kom i fokus.

Flyttenkningen ledet naturlig frem til en ny form for styring. Man gikk ikke i gang med et stykke arbeid fordi planen sa at man skulle, men først når man selv hadde forvisset seg om at alt var klart, det vil si at det foregående arbeidet virkelig var helt ferdig.

Med dette kravet vendte blikket seg fra de foregående arbeidene til de samlede forutsetningene for å starte på en oppgave. Etter flytforståelsen var det jo ikke nok at mureren var ferdig. Det skulle også være ryddet opp, være plass til å komme til, tegningsunderlaget skulle være til stede – de riktige tegningene vel å merke, og ikke en foreldet versjon – og tømreren skulle være klar med den riktige kompetansen og det nødvendige utstyret og materialene. Og endelig skulle alle de ytre forholdene – godkjennelser, været og all den slags – være i orden. Alt i alt syv forskjellige grupper av forutsetninger: Foregående arbeid, plass, informasjon, mannskap, utstyr, materialer og de ytre forholdene skulle alle være på plass – helt på plass og ferdige – før arbeidet kunne starte. Man kalte det at oppgaven var «sunn».

Det er åpenlyst at man ikke kan si noe om varigheten av en oppgave, hvis en eller flere av forutsetningene mangler. Imidlertid bygger den klassiske prosjektplanleggingen og -styringen på det grunnprinsippet at man legger en solid plan basert på antakelser om rekkefølge og varighet av de enkelte oppgavene. Deretter følger man denne planen på samme måte som man følger DSBs ruter (Danske Statsbaner (o.a.)).

Undersøkelser har imidlertid vist at det ikke går slik i virkeligheten. Hver av de syv forutsetningene representerer nemlig langt flere enkelt-flyt, i et byggeprosjekt kanskje et femtitall totalt for hver enkelt oppgave. Det betyr at det kun skal ganske lite til før oppgaven ikke er sunn. I alminnelighet antas det at det selv på det best styrte, trimmede prosjektet høyest er mulig å oppnå en sannsynlighet på 95% på hver av de syv kategoriene. Det innebærer at sannsynligheten for oppgavens samlede sunnhet, at planens forutsetninger er til stede, sjeldent overstiger 70%.

I et alminnelig, godt organisert og styrt prosjekt ligger påliteligheten på omtrent 90% på hver av de syv forutsetningene, hvilket resulterer i ca. 50% sunnhet på selve oppgaven. Faktisk kan man i mange alminnelige prosjekter nettopp observere en usikkerhet i ukeplanen på omkring 50%. Men den slags observasjoner er ikke alminnelig praksis, og i hvert fall skjer det sjeldent at noen tenker gjennom hele denne usikkerheten. Eller gjør noe med den.

Man tror blindt på at prosjektet følger planen. Det har bare å gjøre det, men det gjør det altså bare ikke. Tvert i mot finner det igjen og igjen på noe overraskende nytt og uventet.

Sannheten er altså at planer aldri holder. Ikke fordi de er dårlige, men fordi de ikke kan holde!

Det er ikke planen som er dårlig. Det er prosjektet som ustyrlig!

Flytforståelsen påvirket imidlertid mye mer enn kun å sette fokus på overgangene i prosessene. Den åpnet også døren til et helt nytt univers, til den forståelsen av flyt som vi finner hos fysikerne, nemlig i hydraulikken.

Hydraulikk

Hydraulikk er vitenskapen om væskers bevegelse. Mange av dens begreper kan, med en viss forsiktighet, også brukes på andre former for flyt og følgelig også flyt av arbeidsoppgaver.

Allerede Toyota hadde tydelig demonstrert betydningen av å flytte blikket fra operasjoner til flyt. Skulle flyten i deres produksjon være effektivt, med alle de side-flytene som så åpenlyst inngikk, måtte hele produksjonssystemet være pålitelig. Tidligere hadde man løst den innebygde variasjonen med buffere, det vil si lagre av deler i reserve. Dermed kunne samlebåndet fortsette å kjøre selv om det oppsto en feil. Nå fjernet man alle disse små reservene og satte fokus på pålitelighet. Ting skulle bare være i orden, ellers stoppet samlebåndet!

Oh my God, samlebåndet må aldri stoppe, lød devisen ellers i bilproduksjonen. Hos Toyota var det derimot tillatt. For fantes en feil, skulle dens årsak finnes og fjernes så feilen aldri oppsto igjen. Kun på den måten blir vi feilfrie, presiserte Shingo.

Og det gjorde man, og det lyktes!

Der er alltid en flaskehals et sted

Med all denne praten om flyt åpnet Glenn Ballard tidlig i vårt bekjentskap mine øyne for Elihaou Goldratt (1947 - 2011) og hans *Theory of Constraints*, altså flaskehalsteorien.

Hos Goldratt er nøkkelordet *Throughput*, eller på norsk gjennomløp, noe som omtaler hvor mye ferdig arbeid som kommer gjennom vårt produksjonssystem og frem til kunden som betaler for det. Altså en ren profittbetraktning: Hvor mye penger kommer inn som resultat av det vi bruker? En klar og tydelig flyt-tenkning.

Her stilte han imidlertid spørsmålet: Hvorfor har vi ikke et større gjennomløp? Og han fant svaret i form av en flaskehals i systemet.

I hans første bok om emnet viste det seg å være en robot som skulle effektivisere en av operasjonene, og som virkelig også gjorde det. Men roboten hadde vært en stor investering, og den skulle derfor utnyttes best mulig. Det betød at det hele tiden skulle være oppgaver parat til den. Med variasjonen i flyten medførte det uunngåelig en kø som bremset flyten og dermed gjennomløpet. Effektiviteten steg lokalt, men gjennomløpet og dermed produktiviteten – og følgelig inntjeningen – falt.

Vanskelig å forstå hvis man ser produktivitetsforbedring som en sum av mange små effektiviseringsskritt. Men produktivitet skapes altså ved flyt og ikke ved mange små besparelser. Det er en misforståelse jeg igjen og igjen møter i prosjektproduserende virksomheter.

I økonomisystemene fremstår for eksempel mellomlederne som en kostnad, og her forsøker man så å spare. Men mellomlederne er en avgjørende forutsetning for flyten. Det er de som skal sikre sunne oppgaver i god tid. Så nå blir de overbelastet og bruker det meste av sin tid på å «slukke branner». De oppnår derfor ikke å forberede de kommende oppgavene, som så igjen lager problemer.

Og hele tiden venter folk og maskiner. De får ikke utnyttet sin kapasitet. Prosjektet henger etter, og til sist må man forsere med høye tilleggsutgifter som konsekvens.

Man kan ikke spare seg til profitt.

Det er nemlig flaskehalsen som bestemmer flytens intensitet, og følgelig gjennomløpet og produktiviteten i hele den prosessen som skaper profitt!

Hallo! Er det virkelig så enkelt?

Både ja og nei, men i prinsippet er det slik. Når vi konstaterer at kun en tredjedel av arbeidstimene på en dansk byggeplass skaper verdi, så er det ganske mye kapasitet som kan bringes i spill ved å øke påliteligheten og sikre sunne oppgaver. Nesten gratis. Vi betaler jo allerede for alle arbeidstimene. Med en jevn og pålitelig flyt av oppgaver øker vi lett gjennomløpet med ti til tyve prosent. Det er jo egentlig bare et spørsmål om å flytte fire til åtte prosentpoeng fra de nesten sytti uproduktive, så er vi der. Byggetiden går ned, presisjonen i produksjonen stiger, det gjøres færre feil og antallet arbeidsulykker synker.

Virksomhetenes profitt og håndverkenes akkord vil samtidig øke dramatisk. Det ligger i sakens natur at håndverkernes akkord øker med de samme ti til tyve prosentene, og det er her vi har den første indikatoren på at metodene virker. For en håndverker på akkord vet alltid hvordan det ender. Lenge før noen andre.

Mesterne er ofte mer skeptiske: På den måten går jo hele gevinsten til svennene, sier de. Men de forstår ikke betydningen av flyt i deres egen virksomhet, for de har aldri regnet på det enkle regnestykket: Hva hvis man øker flyten, altså gjennomløpet, med ti prosent?

Jeg har fortalt om dette regnestykket flere ganger. På en enkel og populær måte, som for eksempel i min bok «Semiramis», men også mer vitenskapelig. Resultatet overrasker de fleste. Det kan ikke stemme, sies det. Men det gjør det. Jeg har sett det igjen og igjen, det bare skjer. Man må bare sette seg inn i tenkningen bak og være villig til å venne seg av gamle misforståelser og dogmer. En fordobling av en ellers positiv bunnlinje er nesten uunngåelig, hvis man fokuserer på flyten på den riktige måten. [4]

Og det skjer nærmest spontant!

Det gjelder forresten ikke bare i byggeprosessene.

For en del år siden hadde vi en pause mellom møtene på et norsk skipsverft som jeg hjalp med Lean Shipbuilding. Vi gikk en tur rundt i dokkhallen. Jeg ba alle om at hver gang når vi så en arbeider, så skulle vi mentalt registrere hva han foretok seg akkurat da. Arbeidet han, det vil si skapte han verdi, forberedte han arbeidet eller ventet han? Ingen skulle ta notater eller utveksle observasjoner, bare iaktta.

Etter en halv time stanset vi og sammenlignet våre observasjoner. Alle hadde konstatert nøyaktig det samme: Kun hver fjerde var i gang med å skape verdi. Hver tredje var i ferd med å forberede et arbeid. Resten ventet.

Deretter gikk vi samme strekning tilbake. Nå stoppet vi derimot opp underveis og diskuterte hva som hindret flyten. Nå tok vi bilder og utvekslet idéer. Våre forslag førte til en ensretting av trafikken opp og ned de to smale skipsleidene. Opp på styrbord side, ned på babord. En dobbelt bred landgangsbro med plass til kryssende trafikk. Et dekk ryddet for kabler. Og litt senere en byggeplassheis fra kaia og opp langs den åtte etasjer høye skipssiden.

Det tilkom også en hel haug med ytterligere idéer: Servicestasjoner nær arbeidsstedene med toaletter, kaffemaskin og drikkeautomat og informasjonskiosk med printer. Dessuten verktøys- og materialcontainere om bord på dekk på skipet og ikke på land.

Produktiviteten og tidspresisjonen steg til værs, fordi også tankene fra Last Planner ble innført. Verftet satte en helt ny standard i et ytterst konkurransepreget marked.

Flaskehalsen – Djevelen i spillet

I ethvert flytsystem finnes det én, og kun én, flaskehals som bestemmer flytens intensitet. Når flyten skal økes, er det altså denne flaskehalsen vi må finne og fjerne. Men hvor gjemmer den seg i de syv forutsetningene som skaper de sunne aktivitetene? Alle syv er som regel ytterst komplekse bare man går noen få skritt tilbake. Mens de som regel er ganske åpenbare ved ankomsten til aktiviteten, så vever de seg raskt sammen oppstrøms. Leveransen av materialer venter på informasjon, ofte tegningsunderlag, og informasjonen venter på ytre forhold som godkjennelser. Materialer kan ikke kjøpes og leveres uten tegninger og spesifikasjoner. Og i mellomtiden venter alle på alle.

Sett fra hver enkelt aktivitet er verdensbildet enkelt: Det er syv slags forutsetninger som må være på plass for at aktiviteten er sunn og kan starte opp, og det vil alltid være én forutsetning som er den kritiske. Det vil si den som de øvrige seks forutsetningene venter på. Vil vi øke intensiteten, er det altså her vi må legge vår innsats. Det er den kritiske flyten som så å si regulerer hastigheten i vår produksjon.

Det er akkurat som når fyringsovnen skal gi mer varme. Vi må enten gi den mer luft eller mer brensel, men det er ikke likegyldig hvilken av delene vi velger. Mangler det luft, hjelper det ikke med mer brensel. Og motsatt hvis det er brensel som mangler. Og ingen av delene hjelper hvis det er utilstrekkelig temperatur. Det er med andre ord tre strømmer av forutsetninger: Brensel, luft og varme, og en av dem er den kritiske, altså den som regulerer prosessen. Varmen er som regel resultatet av det foregående «arbeidet». Om det altså var tilstrekkelig brensel, luft og varme til stede for et øyeblikk siden, så er de tre strømene hver for seg sammenflettet i et komplekst mønster.

Ser vi igjen på prosjektet finner vi det samme, men i langt høyere grad. De syv forutsetningene fletter seg inn og ut i hverandre og inn og ut av prosjektet, og hver eneste forutsetning, uansett type, er resultatet av et uendelig nettverk av sammenkoblet flyt. Vi kan rolig betegne dette som et ytterst komplekst system, og samtidig er det som regel ganske dynamisk. Skjer det ikke noe uventet i vårt prosjekt, skjer det med sikkerhet i et eller flere av de utallige andre prosjektene som vi på en eller annen måte deler flyt med.

Uansett hvor mye vi forsøker å få orden på dette systemet, kan vi med sinnsro kalle det for kaotisk!

Kaos
Da vi for vel 30 år siden fikk familiens første hjemme-data-

maskin, en VIC 20 med 16 kb minne og et Basic operativsystem, ble vår sønn Rasmus og jeg, akkurat som Lorenz tyve år tidligere, vilt betatt av de ikke-lineære systemene.

Nå kunne vi med datamaskinen behandle disse systemene med en forholdsvis høy effektivitet. Det var en helt ny verden som åpnet seg. I en serie meget inspirerende tv-program forklarte den dengang unge naturvitenskapsformidleren Tor Nørretranders om denne verdenen, og Rasmus og jeg ga oss straks i kast straks med å prøve ut alt dette. Plutselig flagret Lorenz' sommerfugl rundt på skjermen, og Edward Mandelbrots vidunderlige blomst foldet seg ut på datamaskinen. Den ble hurtig skiftet ut med den kraftigere Commodore 64, og senere Amiga. Det kom også en PC inn i familien, og uendelighet, kompleksitet og kaos ble studert både tidlig og sent.

Livet ble endret for all fremtid.

Alt dette kom også til å prege min forståelse av hverdagen omkring oss. Jeg uttalte med overbevisning i vår ledergruppe at NIRAS var et selvorganisert kaos, og at prosjekter med rette kunne oppfattes som komplekse, altså ikke-lineære, dynamiske systemer. De måtte derfor behandles som potensielt kaotiske.

Potensielt! For det var jo ikke alltid de utviklet seg slik. Noen prosjekter var tamme og forutsigbare, i hvert fall store deler av tiden. Men så kunne Fanden plutselig ta dem og få dem til å galoppere vilt ut over steppene, tilsynelatende helt ute av kontroll. Selv om jeg egentlig var i besittelse av alle delelementene, så tok det meg lang tid å få brikkene lagt på plass og forklare denne besynderlige atferden.

Men tar vi utgangspunkt i VFO-teorien og fokuserer på prosjektet fra perspektivet flyt, så vet vi fra hydraulikken at flyt har to prinsipielt forskjellige tilstander: laminær og turbulent. I naturen finner vi laminær flyt i en doven elv som rolig beveger seg av sted og er ganske forutsigbar. Den turbulente tilstanden finner vi til gjengjeld i elvens tilløp, de ville bekkene som strømmer ustyrlig av sted mellom klipper og steinblokker. Det er det samme stoffet, H2O, som vi snakker om i begge tilfellene, men det oppfører seg vidt forskjellig, og det finnes egentlig ingen mellomtilstand. Turbulens kan oppstå lokalt, og enten sprer den seg eller den dør ut. Her hersker det en hårfin balanse. Men fenomenet er der, og det er det samme vi opplever i prosjektets flyt.

Turbulens og kaos er derfor sentrale elementer i min forståelse av prosjektets natur, og dermed en avgjørende forutsetning for min tilgang til ledelse av komplekse og altså potentielt kaotiske systemer.

Så la meg for god ordens skyld presisere hva jeg mener med kaos, som jeg anser for å være et subjektivt begrep:

Systemet er kaotisk når det er uforutsigbart i det tids-perspektivet som vi ønsker, med den nøyaktigheten vi har bruk for.

1) Koskela, Lauri (1992): Application of the New Production Philosophy to Construction, CIFE Technical Report #72, Stanford University, September 1992.

2) Koskela, Lauri (2000): An exploration towards a production theory and its application to construction, VVT Technical Research Centre of Finland.

3) De Architectura: Ti bøker om arkitektur. Trolig skrevet omkring år 15 f.Kr.

4) Modellen er presentert i en artikkel av Bertelsen, S and Bonke, S (2011): Transforma-tion-Flow-Value as a Strategic Tool in Project Production, på IGLC 19 i Lima, Peru, og også behandlet i boken Semiramis, Bertelsen (2009).

Det flytende prosjektet

*Hvor jeg dykker ned i hydraulikken
og finner ut at den ikke kun
er relevant for væsker*

DET BØR STÅ KLART for de leserne som ennå henger med, at det er min hypotese at vår sedvanlige forståelse av prosjektet er fundamentalt feil, og at dette er forklaringen på dets ustyrlige oppførsel.

Misforståelsen må finnes i vår egen rasjonelle tenkning, i vår blinde tro på at komplekse systemer kan bringes til orden og følge fremdriften. Det er altså den samme feilen som de Laplace begikk, som Poincaré innså og påpekte, men som det tok Lorenz bortimot ti år å formidle, til tross for at de moderne computerne gjorde det enkelt for enhver å observere.

Men hva skal vi gjøre i stedet?

Project Physics

For ti år siden gjorde Glenn Ballard meg oppmerksom på boken Factory Physics, skrevet av de to professorene Hopp og

Spearmann[1]. I et monsterverk av formler gjennomgår de fabrikkproduksjon som et flytsystem og samler en masse matematikk som kan hjelpe til med dimensjonering og optimering. Spennende, men altså rettet mot det ryddige fabrikksmiljøet, som kanskje slett ikke er så ryddig i virkeligheten som de to professorene antok. Men svært tankevekkende.

Det fikk meg til å reflektere over forskjellen mellom masse- og prosjektproduksjon, noe mange andre har gjort før meg, og trolig også senere. I og for seg kan de fleste sikkert se en forskjell, men likevel. Jeg prøvde selv å forklare den. Jeg endte opp med at det ikke var et spørsmål om et enten eller, men snarere et både og. Altså et personlig valgt punkt på en skala mellom de to helt rendyrkede formene, og dermed til dels en subjektiv oppfatning. Det ble særskilt klart for meg da jeg bragte hverdagens mange små prosjekter inn i min tenkning: Sonjas lune ribbestek med sprø svor til lørdagsfrokosten er for henne en produksjon, men for meg ville det være et prosjekt.

Dette førte meg videre til tanken om at det kanskje snarere er vår mentale modell, hvordan vi oppfatter oppgaven, som bestemmer hva vi kaller den. Dermed velger vi vår fremgangsmåte og de metodene vi vil ta i bruk.

Den erkjennelsen fikk meg til å foreslå for Lauri Koskela at vi burde forsøke å samle en tilsvarende teoretisk forståelse av prosjektet med det nærliggende navnet Construction Physics.

Tanken var i all sin enkelhet at når fabrikkproduksjonen kunne beskrives med formler, måtte prosjektproduksjonen jo også kunne beskrives på samme måte. Det viste seg at det kunne den bare ikke. I hvert fall ikke av oss. Dessuten var den alt for ustyrlig, men vi lærte likevel en masse. Vi fant blant annet ut at det var prosjektets kompleksitet som sto i veien, noe vi kanskje hadde hatt en anelse om. Komplekse systemer kan ikke meningsfullt beskrives med lineære formler, fordi de nesten per definisjon er ikke-lineære. Som Lorenz' værmodell. Og i tillegg kommer prosjektets innebygde dynamikk.

Men vi fikk tatt noen enkle og kanskje avgjørende skritt før vi stanset. Det er disse første skrittene som ble drivkraften for mitt videre arbeid med prosjektet, såvel i teori som i praksis.

Derfor bruker jeg mesteparten av dette essayet til å summere min forståelse av alle delelementene som inngår i Project Physics, som jeg nå har begynt å kalle faget. Med det presenterer jeg min egen teoretiske forståelse av prosjektet, slik det er påbegynt i de to første essayene. Teoribasert prosjektledelse kunne det også kalles, altså en skisse til en vitenskap om prosjektets natur og dets ledelse. Det er kanskje et ambisiøst mål, men la meg stille og rolig prøve å samle noen av de elementene som i lyset av dagens kunnskap burde inngå i en slik ny vitenskap.

En oversikt
Først en kort oversikt over den nye forståelsen av prosjektet. Deretter utdyper jeg den med kjent kunnskap fra andre fag, med refleksjoner om nye fortolkninger og noen helt nye ideer.

PROSJEKTETS FORMÅL ER Å SKAPE VERDI: Formålet med ethvert prosjekt er å skape verdi for noen, og derfor er leveransen av denne verdien sentral gjennom hele prosjektets levetid.

VERDIEN SKAPES GJENNOM FLYT, og hastigheten i denne flyten bestemmer prosjektets varighet, altså tiden. Tiden er den andre siden i prosjektets evige trekant som vi hele tiden slåss med. Flyten drar med seg en rekke operasjoner som utløser kostnadene. Her finner vi det tredje kravet: Å overholde budsjettet. Operasjonene kan bidra til verdien, eller de kan være sløsing, men de bruker penger og tar uansett tid.

PROSJEKTET ER ET KOMPLEKST SYSTEM: Prosjektet eksisterer i et uendelig nettverk av aktører, agenter kalles de i kompleksitetsteorien, som er knyttet sammen gjennom sine relasjoner. Agentene kan anta mange former: Virksomheter, institusjoner, myndigheter og politikere, og de kan i hverdagen forekomme på ulike nivåer.

Deltakerne i dette uendelige nettverket utfører operasjonene, mens deres relasjoner bestemmer flyten.

Dette uoverskuelige systemet er ytterst dynamisk. Deltakere kommer til og forlater nettverket hele tiden, og deres relasjoner endrer seg fortløpende. Til og med systemet er lærende, hvilket øker dets dynamikk. Denne læringen finner sted såvel på samme organisatoriske nivå, lateral læring, som opp- og nedad i de respektive organisasjonene, vertikal læring.

Prosjektet er følgelig et ytterst komplekst og dynamisk system i tre dimensjoner, noe som i hverdagen ofte gjør det uforutsigbart bare noen få timer frem. Men til gjengjeld lever nettverket evig. Prosjekter avsluttes, men agentene fungerer videre, nå bare i nye prosjekter og dermed i andre relasjoner. Prosjektets spor blir i systemet: Dets læring, dets tap og konkurser og de nye agentene som oppsto. Det hele spenner seg langt tilbake i historien og vil trolig eksistere til evig tid.

Vårt eget – store, synes vi – prosjekt er kun et bølgeskvulp i dette universelle produksjonssystemet. Et system som strekker seg fra byggingen av pyramidene og den kinesiske muren til Toyotas ordnede produksjon av biler og til moderne opprørskriger i Asia og Midtøsten.

FLYT ER NØKKELEN: Prosjektets operasjoner tar de enkelte deltakerne seg av. Men deres egeninteresse leder ofte til sub-optimering og gjør dermed flyten usikker. Agentene fokuserer på egen effektivitet og «profitt» fremfor den samlede produktiviteten, hvilket ofte skader prosjektet.

I et flyt-perspektiv er pålitelighet det avgjørende, altså samarbeidet og avleveringene mellom deltakerne av de delresultatene som blir generert gjennom operasjonene. I et system med motstridende egeninteresser vil en mer pålitelig flyt kreve samarbeid, felles læring og ikke minst tillit.

Og hvor fører så det oss?

Verdi-Flyt-Operasjoner

Koskelas teori er drivkraften for alle mine tanker om prosjektet, så den er det naturlige stedet å starte. I min tilpasning kaller jeg den VFO-teorien, med henvisning til de tre nøkkelbegrepene Verdi, Flyt og Operasjoner.

Den omvendte rekkefølgen, hvor Koskela snakker om Transformasjon, Flyt og Verdi, kan virke som en detalj, men den rommer to avgjørende forskjeller i forståelsen av prosjektet. For det første setter den dets formål, det å skape verdi, i spissen på det som må være i fokus. Denne verdien oppstår gjennom flyten og den sammenhengende produksjonsprosessen, som deretter trekker på de enkelte deltakernes operasjoner ut fra behovet.

Operasjonene, som den tradisjonelle prosjektledelsen har fokus på, blir dermed sekundære, også i forhold til flyt. Hva hjelper det at stillasarbeiderne kan montere stillaset lynende effektivt hvis vi ved å justere på flyten eller verdien helt kan unnvære stillaset?

Å endre ordet transformasjon – altså bearbeiding – til operasjon, får dessuten de ikke-verdiskapende oppgavene frem i lyset, nemlig inspeksjon, transport og venting, som jo alle bidrar til omkostningene. Ikke helt uinteressant når vi konstaterer at mer enn to tredjedeler av arbeidstiden brukes på det.

VFO-forståelsen avspeiler dermed prosjektets evige verdi-tid-økonomi trekant med dens innbygde hverdagskonflikter.

Mens såvel verdi som operasjoner er kjente størrelser som inngår i tradisjonell prosjektledelse, er flyt og konsekvensene av flyttenkningen det avgjørende nye. Det er i vår manglende forståelse av flyten og dets styring vi kan finne forklaringen på prosjektets underlige atferd. Flyt blir derfor utgangspunktet for resten av dette essayet, og stort sett også for resten av boken. Verdi og operasjoner blir dermed bare behandlet når de influerer på flyttenkningen, som for eksempel når jeg diskuterer effektivitet kontra produktivitet.

Jeg starter med å undersøke fenomenet flyt og finner mye kunnskap som vi overser i vår daglige behandling av prosjektet. Dette fører meg mye lenger enn den gjengse tenkningen, selv i Lean Construction. For flyt opptrer i to vidt forskjellige tilstander: Enten som den rolige og effektive, laminære flyten, eller som den hurtige, kaotiske og ineffektive, turbulente flyten. Det er et vesentlig faseskifte når vi ser på prosjektet som flyt, hvor kunsten er å trimme flyten tett opptil den ordnede, laminære siden av kanten uten at det tipper over.

Jeg har selv aldri for alvor dyrket rafting, hvor man i en gummibåt føres med strømmen i et vilt vannløp, men jeg har prøvd en turistutgave. Det var fantastisk morsomt og utfordrende, og vi ble søkkvåte. Men jeg lærte også noe om hvordan vår ellers rolige og effektive ferd, hvor alle bare padlet kontrollert, plutselig kunne tippe over i kaotiske situasjoner hvor man nærmest bare hulter til bulter ble trukket gjennom de ville strykene inntil guiden fikk oss på plass igjen og i gang med å lense båten. Den dagen i Cody, Wyoming, lærte jeg virkelig noe om betydningen av å være på den ordnede siden av kaos, hvis man ellers vil forover og ikke risikere å kantre.

Det handler ikke kun om å holde igjen, men også om å forstå den andre siden, den kaotiske.

Denne nye spennende verdenen må imidlertid vente til det neste essayet, for flyten i seg selv gir mye nytt å tenke på.

Dette åpner for mitt andre perspektiv: Komplekse systemer. Fordi kaos kun eksisterer her. Kaosteorien er en ny og blomstrende vitenskap, som med utgangspunkt i Santa Fe Institute i New Mexico for tiden sprer seg som en skogsbrann[2]. Dette behandler jeg i det neste essayet.

Som hovedtema i mitt andre perspektiv leder det meg uunngåelig til mitt tredje perspektiv, nemlig prosjektet som et samarbeid. For nøkkelen til å styre komplekse systemer er samarbeid og delegering. Det utdyper jeg i det sjette essayet om «Det Selvstendige Prosjektet», kanskje med noen tanker som kan overraske og provosere, men som jeg selv tror på. De kommer altså senere.

Så hold deg godt fast. Nå kommer det en strøm av nye idéer!

Flyt: Det avgjørende, nye perspektivet

Flyt er nøkkelen til vårt samfunns rikdom gjennom vår effektive produksjon, samhandel og distribusjon av varer og tjenester i alle former. I noen bransjer bruker man det militære uttrykket logistikk, slik vi også selv gjorde da vi eksperimenterte med Byggelogistikk. Strategien kalles mange steder for lean, mens man i IT-verdenen snakker om agile. Jeg har selv kalt den for trimmet. Ja, kjært barn har mange navn.

Betydningen av en effektiv flyt ble tydelig med Henry Fords samlebånd i begynnelsen av forrige århundrede, og senere med Toyotas fleksible bilproduksjon. Helt så enkelt er det ikke i prosjektet, hvor flyten har en meget høy variasjon. Men flyt er stadig nøkkelen til et økt gjennomløp og dermed til den høyere produktiviteten som vi tilstreber.

Gjennomløp

Det helt sentrale elementet i *Project Physics* er Littles Lov.

I 1961 publiserte fysikeren John D.C. Little (f. 1928) fra MIT det som senere er blitt er blitt kjent som Littles lov. Her sier han ganske enkelt: Throughput er lik Work in Progress delt på Cycle Time:

$$TP = \frac{WIP}{CT}$$

Det krever visst litt nærmere forklaring. I min fortolkning er Throughput, altså gjennomløpet, det som kommer ferdig ut av fabrikken og selges til en kunde som betaler for det. Det vil si utført, solgt og avregnet arbeid. Det er det vi får betaling for og derfor det virksomheten ønsker å øke, som Goldratt påpekte.

Det kan vi enten gjøre ved å sette i gang ytterligere arbeid, Work In Progress, men dermed øker vi stort sett omkostningene tilsvarende. Enklere for prosjektproduksjonen er det derfor å redusere gjennomløpstiden, Cycle Time, altså å bygge raskere med de samme ressursene. Det er nettopp det vi gjør med bedre flyt-ledelse, hvor vi øker andelen av verdiskapende arbeidstid ved å redusere den delen som ikke skaper verdi.

Flyt må med andre ord være sentralt, hvis vi vil ha en bedre økonomi i prosjektet og samtidig overholde fremdriften.

Er det virkelig så enkelt?

I prinsippet ja. Men helt så enkelt er det likevel ikke.

Vi venter hele tiden

I begynnelsen av 1900-tallet begynte magister E.A. Erlang (1878 – 1928), som var ansatt ved Københavns Telefonvesen, å studere ventetiden ved håndteringen av kundene i selskapets sentrale knutepunkt. Det var i telefoniens barndom, og alle med en telefon hadde en direkte ledning til sentralen i Jorcks Passage i enden av Fiolstræde. Her satt grønnkledte kvinnelige telefonister og tok imot innkommende oppringninger ved å forbinde oppkallerens ledning til det ønskede nummeret på den store tavlen foran seg og samtidig sende et ringesignal.

I dette enkle en-til-en systemet var de kvinnelige telefonistene helt klart en flaskehals, men også en kostnad, tross lave lønninger. Så hvor mange skulle være på vakt for å sikre en passende kvalitet, altså kort ventetid, for kundene?

Erlang var matematiker og kjente derfor ganske godt sannsynlighetsteorien som var utviklet i kjølvannet av tidligere tiders fasinasjon for terningspill og underlige veddemål. Erlang vendte nå blikket fra spissfindige spørsmål som «Er det to her i selskapet som har fødselsdag på samme dag, men ikke i samme år?» over til ventetider.

For Erlang var det nemlig ikke sannsynligheten i seg selv, men ventetiden for oppringningene som var det interessante. Her utviklet han det vi i dag kaller køteorien, som matematisk forklarer den forventede ventetiden i et system med en flaskehals. Altså hvor lenge du i gjennomsnitt må forvente å vente i matbutikkens kassakø når du ankommer med din fulle handlevogn en lørdag formiddag.

Ikke overraskende avhenger ventetiden blant annet av hvor mye kapasitet som er til rådighet i forhold til trafikken, men også av hvor regelmessig ankomstene finner sted. Jo jevnere ankomstene er, desto kortere ventetid for den enkelte, eller sagt på en annen måte, desto bedre utnyttelse av kapasiteten. Vi kjenner fenomenet når man ved motorveisarbeid innfører en hastighetsbegrensning. Trafikken glir litt langsommere, men også jevnere, og den reduserte kapasiteten utnyttes bedre. Ofte er tidstapet, tross den nedsatte hastigheten, nesten ubetydelig.

I prosjektets flyt betyr denne erkjennelsen at vi kan øke den effektive kapasiteten ved å utjevne flyten. Det kan vi oppnå ved å gjøre det mer pålitelig. Dette er nesten alltid både langt billigere og raskere enn å la seg bedøves av å øke den fysiske kapasiteten på mannskap eller utstyr.

Jeg har selv gjort det mange ganger. I bunn og grunn handler det bare om forståelsen av Last Planner, hvor påliteligheten registreres og forbedres ved hjelp av indikatoren PPU, som betyr Prosent av det Planlagte som er blitt Utført.

Når vi vet at kun en tredjedel av arbeidstiden brukes på direkte å skape verdi, er det jo helt klart noe å hente ved å øke påliteligheten og dermed redusere ventetiden. På samme måte som vi gjorde på verftet, da vi ensrettet trafikken opp og ned de steile leiderne. Opp på styrbord side, og ned på babord side. En av mine studenter innførte plassreservasjon til byggekranen på et «infill» byggeprosjekt på Østerbro i København, og øket dens effektive kapasitet ganske mye samtidig med at ventetiden falt dramatisk.

Køteorien er sannelig en nyttig forståelse. Og ja, det var den samme Erlang som utarbeidet min skoletids 4-sifrede logaritmetabell. Sannsynligheten for at to i et selskap har samme fødselsdag er over 50%, hvis det finnes flere enn drøyt tyve deltakere.

Flaskehalsteorien

Israels svar på Japans Shigeo Shingo var Eliahu Moshe Goldratt (1947 – 2011). Han var en suksessrik virksomhets-leder som med bakgrunn i IT-verdenen startet opp som konsulent og skapte The Goldratt Institute, basert på det han døpte *The Theory of Constraints*, altså flaskehalsteorien.

Parallelt med at han og hans medarbeidere hjalp en lang rekke virksomheter verden over til å oppnå bedre produkti-vitet, skrev de – og spesielt han selv – en rekke inspirerende bøker. Mange i form av romaner, men med et seriøst budskap. Han arbeidet ut fra grunntanken om at det er klienten selv som må forstå og realisere budskapet, ikke konsulenten som skal gjøre grovjobben, eller gjøre alle de påfølgende hverdags-oppgavene.

Dette kan synes å være en noe overraskende innfallsvinkel fra en ledelseskonsulent, som jo normalt lever av solgte timer. Men Goldratt foredro tilsynelatende å ta del av produktivi-tetsgevinsten, altså i den verditilveksten han skapte. Det er etter min erfaring en sunn innfallsvinkel, for det er mye å hente i prosjektproduksjonen.

Goldratts helt enkle og logiske idé er at det i ethvert flyt-system finnes én og kun én flaskehals, og det er den som bestemmer det samlede gjennomløpet. Ønsker vi å øke gjen-nomløpet, og dermed inntjeningen, er det altså denne «globa-le» flaskehalsen vi må åpne opp. Øker vi dens kapasitet, duk-ker det uunngåelig opp en ny, som vi heretter må konsentrere oss om. Og slik kan vi fortsette i vår stadige streben etter å øke gjennomløpet.

Dette klare fokuset på flaskehalsene vil naturligvis få kriti-
kerne til å påpeke at det jo er mange andre saker som også
kan effektiviseres. Til dette er det kun å svare «Ja!» For den
ideelle prosessen når vi aldri i prosjektproduksjonen. Det vil
alltid være noe å forbedre, men det bør hele tiden skje med
fokus på flyt. For flyten er nøkkelen til økt produktivitet, hvor
en for snever fokus på effektivitet ofte er selve roten til våre
problemer.

Det vil ofte vise seg at flaskehalsen er en overbelastet mel-
lomleder. Her må man følgelig enten redusere hans arbeids-
mengde eller gi ham tilstrekkelig hjelp. Begge deler kan være
vanskelige gitt en tradisjonell økonomitenkning. Mellomle-
derne ses jo på som en kostnad, som ikke i seg selv bidrar til
verdiskapingen, og ikke som den produksjonsforutsetningen
de i virkeligheten er. Sparer man på denne kostnaden, altså
en effektivisering, ødelegger man flyten, og tapet blir langt
større enn besparelsen. Men å innse dette forutsetter at man
forstår flyttenkningen, hvilket uhyggelig få gjør. Som vi skal
se, så knytter produktiviteten, og dermed inntjeningen, seg
til flyten og til gjennomløpstiden i prosjektets evige trekant.
Effektiviteten fokuserer fremst på operasjonene, og dermed
på kostnadene.

Når effektiviseringen ødelegger for inntjeningen

I praksis er et dynamisk flytsystem aldri helt i balanse. Det vil
alltid være noe som venter på noe annet, for det er hele tiden
små og store hendelser som forstyrrer den ideelle flyten. Den
kan være hendelser som været, sykdom, feil eller andre avvik
i en av strømmene, og straks oppstår det en lokal, midlertidig
flaskehals. Alt er nesten klart, men vi venter bare på en liten
sak. Sånn er det bare. Det må vi leve med.

En flaskehals vil dermed skape en kø oppstrøms, altså
noe som venter på at den siste forutsetningen kommer på
plass, og at flaskehalsen oppløses, altså en sløsing. Når vi nå
fra gjentatte undersøkelser vet at omtrent en tredjedel av
arbeidstiden på en byggeplass går med til å vente, kan man

undres over at ingen tilsynelatende interesserer seg for hvor-for det forholder seg slik. Gjorde man det, ville man bli svært overrasket. For svaret er at det ofte skyldes at vi forsøker å effektivisere prosessen!

Hadde du forventet det?

Forklaringen er at vi planlegger, kontraherer og arbeider ut fra den tradisjonelle ledelsestenkningen. Der handler det om å minimere kostnadene til operasjonene, den tredje dimen-sjonen i prosjektets evige trekant, hvilket helt logisk leder til at vi må forsøke å utnytte arbeidstiden 100%. Med andre ord effektivisere, alle sammen og overalt. Samtidig må vi re-dusere timene som ikke skaper verdi, også hos for eksempel formenn, «for de bygger jo ikke, de koster bare penger».

Og så er vi der. De innsparte formennene var jo de som skulle sikre sunne arbeidsoppgaver, og dermed det helt sentrale, den stabile flyten. Nå har de det i stedet så travelt med å klare de daglige utfordringene at de ikke rekker forberedelsene. Var det ikke galt nok i seg selv, så skaper den fulle utnytt-elsen av systemet flaskehalser og dramatiske forlengelser av ventetiden. Hvilket køteorien kunne ha fortalt oss, dersom vi altså ikke hadde glemt den eller aldri hørt om den.

Man behøver faktisk ikke en gang å kjenne til teorien. Vi kjenner nemlig alle fenomenet i praksis fra det nevnte eksem-plet med motorveien: En lokal hastighetsbegrensning får alle til å følge det samme tempoet. Dermed reduseres variasjonen og gjennomløpet økes. Vi øker med andre ord den praktiske kapasiteten ved å endre en smule på flytens natur.

Vår trang til å spare i byggeprosessene fører egentlig til en lavere produktivitet. Dette fordi vi ofte for ensidig fokuserer på å effektivisere operasjonene uten å forstå at vi dermed skaper flaskehalser, ujevnheter og økende ventetid i flyten. For produktivitet måles jo på den samlede produksjonen, og ikke på de enkelte operasjonene.

Vår trang til å spare for å oppnå et bedre økonomisk re-

sultat, fører med andre ord til at vi ødelegger vår flyt og redu-
serer vår inntjening.

Det er faentameg uhyggelig, du!

Flaskehalsen som kontrollventil

En flaskehals kan likevel en gang i mellom også være en
fordel, men bare hvis den er planlagt og tjener et formål.
For flaskehalsen skaper en buffer som man ved eventuelle
avvik oppstrøms kan utnytte, slik at prosessen nedstrøms, og
da særlig flaskehalsen selv, ikke «sulter». Flaskehalsen blir
dermed en slags kontrollventil, som dels sikrer en jevnere flyt
videre frem og dels holder de tingene tilbake som ikke skal
brukes akkurat nå. Dermed kveles ikke systemet nedstrøms
av for eksempel materialer og utstyr i de tilfellene hvor
«plass», for eksempel en svært trang tomt, er den kritiske
faktoren. Et mellomlager kan da være en slik sikring og ut-
gjøre en kontrollventil. Den «slipper bare de tingene videre»
som kan og skal brukes akkurat nå.

Goldratt pekte på nettopp denne globale flaskehalsen som
et alternativ til å flakse rundt og lete etter lokale flaskehalser,
for deretter å innordne hele resten av systemet etter denne
ene flaskehalsen. Det minner om maurtuen, hvor alle mau-
rene innretter seg etter dronningens og larvenes behov.
Maurtuens suksess, dens gjennomløp, er å overleve, og her
er dronningen flaskehalsen mens alle andre bare innretter
seg. Og effektive er de, de forbannede maurene. I tropiske
regnskoger utgjør den samlede vekten av termitter mer enn
halvparten av vekten av alle levende vesener tilsammen, som
insekter, pattedyr, fugler og krypdyr.

Samarbeid og arbeidsdeling lønner seg.

Det kan være en god idé å overveie denne strategien mer
systematisk, særlig hvis det finnes en relativt fast og syn-
lig flaskehals i systemet, som for eksempel dokken på et
skipsverft. Ved å sikre at denne flaskehalsen hele tiden

har tilstrekkelig arbeid, maksimerer man flyten gjennom flaskehalsen ved å ha litt mer «work in progress» enn teoretisk nødvendig. Med andre ord: Man kjøper seg fri av effekten av den uunngåelige variasjonen i strømmene.

Ved byggingen av Terminal 5 til London Heathrow lufthavn var plass et stort problem, og her angrep man det virkelig radikalt. Man etablerte to store lagerplasser på utsiden av lufthavnen og krevde at stort sett alle leveransene skulle skje via en av disse, avhengig av leveransens art. Samtidig ble det bestemt at kun materialer og utstyr som skulle brukes i løpet av de neste 24 timene, fikk lov til å komme inn på selve byggeplassen. Kombinert med en effektiv leveransestyring fra lagrene unngikk man med det å «kvele» den trange byggeplassen.

Mens jeg med stor effekt har brukt idéen om en fast flaskehals i skipsbygning, hvor byggedokken er det åpenlyse valget, så har jeg kun i få tilfeller sett det i et byggeprosjekt. Men der det er blitt benyttet, har fokus på flaskehalsen hver gang virket. Min egen tenkning om en bedre byggeprosess bygger i høy grad på Goldratts tanker.

Der er alltid noe som venter på noe annet

Tar vi flytbrillene på og betrakter prosjektet som en prosess, kan vi ut fra den synsvinkelen se prosjektet som noe som skjer nærmest av seg selv når alle forutsetningene er oppfylt.

Skal vi øke prosessens intensitet, må vi altså finne og regulere den kritiske flyten, med andre ord det de andre venter på. Her er nøkkelen til en bedre prosess: Finn den kritiske flyten, og gjør den jevnere.

Jeg tror Lauri Koskela allerede hadde innsett det, men selv var jeg målløs den sommernatten under hetebølgen i 2011. Dette enkle forholdet gikk opp for meg mens jeg satt i min brasilianske poncho, kjøpt på konferansen i 2002, på min altan under parafinlampen og tenkte. De andre var på konferansen i Lima i Peru.

Forestiller vi oss en vedovn så har dens prosess tre forutsetninger, nemlig brensel, luft og varme, og en av disse tre er den kritiske. Når veden er lagt til rette, venter prosessen på varme. Den kommer når vi tenner på. Heretter er det en av de to andre faktorene som er den kritiske, ofte luft hvis det befinner seg en tung, kald luftpropp i pipen. Og når ovnen så brenner lystig, kan vi regulere den ved enten å justere luftmengden eller mengden av brensel. Men mere luft hjelper ikke hvis det er brensel som mangler, og omvendt.

I byggeprosessen gjelder det samme. Det er bare litt mer komplisert, for byggeprosessen har ikke tre, men syv forskjellige grupper av forutsetninger:

Foregående arbeider
Plass
Informasjon
Folk
Utstyr
Materialer
Ytre forhold

Flere av disse syv forutsetningene er imidlertid slett ikke «eid» av prosjektet, men av byggherren, myndighetene, underentreprenørene og leverandørene. De har jo også andre oppgaver, og derfor prioriterer de ikke alltid etter prosjektets mål, men etter sine egne. Undersøkelser har dessuten vist at det faktisk finnes enda flere enkelt-forutsetninger, ofte flere enn femti. I praksis må vi imidlertid nøye oss med de syv typene. Det gjør det mulig å bevare oversikten og styre flyten i hverdagens ledelse.

Sammenfiltret flyt

Ut fra denne flytforståelsen møter vi her et uendelig, og ofte oversett, nettverk midt i prosjektets hverdag. Kanskje skulle vi reflektere noe mer over fenomenet som jeg kaller *Sammenfiltret flyt*.

Jeg kjenner ikke til studier av dette fenomenet i prosjekt-ledelse, og hvis de finnes i det hele tatt, er det snarere i kompleksitetsforskningens tenkning om nettverk. Men alene forståelsen av de syv forutsetningene som direkte opphav til prosessen, leder naturlig til et nytt begrep: *Critical Flow*, eller *Kritisk Flyt*, altså den av de syv strømmene som til enhver tid bremser prosessen.

Vi bruker igjen mitt lille eksempel med oppvarmingen av sommerhytten med en vedovn. Det må være tre forutsetninger tilstede for å få varme: Brensel og luft, altså «materialene», og en tilstrekkelig høy temperatur, altså resultatet av «foregående arbeid». Mangler en av disse tre forutsetningene dør prosessen ut, og det hjelper ikke å fylle på med mer brensel hvis det er luft som mangler. Luft er med andre ord den kritiske forutsetningen i denne situasjonen, og slik er det overalt i prosjektet. Det er én og kun én av de syv typene forutsetninger som bestemmer intensiteten. Så hvis vi vil bygge raskere og øke gjennomløpstiden, må vi finne denne faktoren og øke den.

Men her møter vi så den sammenfiltrede flyten. Mangler det brensel kan det skyldes at tømmerhoggeren har det travelt med andre gjøremål, manglende mannskap, hvilket fletter oss inn i naboens prosjekt. Han kanskje venter på materiale eller informasjon for å komme videre. Kanskje er det fylkesmannens beslutninger som mangler. Eller kanskje er det en manglende miljøgodkjennelse på grunn av en protest-sak. Sannelig en sammenfiltret flyt, hvor det i siste instans kan ende med å være våre egne handlinger som blokkerer, fordi vi selv skrev under på en protest mot den nye fylkes-veien.

Slik er alt viklet inn i hverandre i prosjektets komplekse verden. En enkelt kritisk faktor kan lett få et velorganisert prosjekt til å steile, hvis man ikke er oppmerksom.

Hovedentreprenøren ved byggingen av et større kjøpesenter i København for en del år siden var ikke oppmerksom. I den avsluttende fasen, hvor de mange ulike forretningene hver for seg skulle innrede sine butikkareal med egne håndverkere, ble plassforholdene den kritiske faktoren. Man trygget imidlertid ikke en styring av denne faktoren. Emballasje og annet avfall ble heller ikke løpende fjernet. Derfor ble byggeplassen raskt en stor slagmark, hvor alle forsøkte å sikre plass til seg selv og hele tiden tilførte flere materialer for ikke å gå tom. Kaos og forsinkelser ble resultatet.

Få år senere løste en annen stor entreprenør ved et tilsvarende bygg det samme problemet med en effektiv plassledelse. De tillot kun de materialene som umiddelbart skulle brukes, å komme inn på plassen, og de sikret at avfall omgående ble fjernet. Det hele gikk ytterst smidig.

Hydraulikk

Når man som bygningsingeniør snakker om flyt, burde faget hydraulikk naturlig dukke opp på radaren. Her har vi nemlig en hel vitenskap som beskjeftiger seg med flyt. Men det overses som regel i prosjektledelsens fokus på operasjonene og økonomien. Jeg har ennå ikke støtt på hydraulikken i lean construction-bevegelsens ellers mangfoldige diskusjoner av flyt.

Hydraulikk handler egentlig om flyt av vann, eller litt mer generelt sagt: Om væsker som et fysisk fenomen. Altså det prinsipielle: Hvordan strømmer væsker? Senere er faget blitt utvidet til å omfatte også andre medier, som luft og olje, og mer kompliserte medier, som blandinger av olje og gass, hvor det samtidig med flyten skjer endringer i forholdet mellom de to tilstandene, avhengig av trykk, temperatur og hastighet.

I hydraulikken sier man at flyt helt grunnleggende kan skje på to vidt ulike måter, nemlig som laminær eller som turbulent flyt. Den laminære flyten er det vi ser i den dovne elven, mens vi finner den turbulente flyten i den ville fjellbekken, som ofte er elvens opprinnelse.

I bunn og grunn er det snakk om to vidt ulike tilstander

uten noen egentlig glidende overgang. Vi snakker med andre ord om et enten-eller-fenomen. Selv om det på den laminære siden kan finnes advarsler om den truende turbulensen i form av små hvirvler, som dog dør ut, og tilsvarende på den turbulente siden i form av stille kulper, hvor det er ro midt i hvirvlene.

Dette er en interessant forståelse av flyt, for den mest effektive flyten, sier teorien, finner vi på den laminære siden, men svært nær overgangen til turbulens. Det kommer jeg nærmere inn på om kort.

Men først selve faseskiftet: Når skjer det?

Reynolds tall

Reynolds tall er sikkert et ukjent begrep for de fleste. Helt enkelt sagt er Reynolds tall forholdet mellom de kreftene som driver flyten forover og de som bremser det. Tallet bestemmer når flyten hopper fra den stabile til den turbulente tilstanden, i prosjektet altså når vi presser det over i en kaotisk tilstand.

Igjen har vi et avgjørende spørsmål om vår prosjektforståelse og -ledelse, men så vidt jeg vet er det aldri blitt undersøkt nærmere. Det skjer jo ganske ofte at vi er nødt til å forsere prosjekter, og derfor kunne Reynolds tall være verd å kjenne til og forstå, og ikke minst å holde øye med! Prosjektets flyt er ikke homogent som vann eller olje, men snarere ganske blandet. Imidlertid kjenner man i hydraulikken godt til blandet flyt, for eksempel blandingen av olje og gass, eller fast materiale som er oppslemmet i vann, de såkalte «slurries», som kan gjenkjennes fra gruveindustriens transport av knuste mineraler og treindustriens transport av papirmasse.

I kompleksitetsteorien har jeg også møtt begrepet Reynolds tall i økonomien, ikke minst i finanssektoren hvor balansen på grensen til kaos er livsnødvendig. Finanssektoren er en verden som, ikke minst i USA, har enorme ressurser å støtte seg på, som igjen forklarer hvorfor mye forskning innenfor kompleksitet finansieres fra disse kildene. Det er penger i å kunne forstå og forutsi det finansielle markedets utvikling kun noen få timer, i våre dager til og med sekunder, lenger frem enn resten av konkurrentene.

Det er ikke dit vi skal i prosjektledelsen. Men som prosjektleder er det også viktig å forstå det som skjer og å kunne tolke det, og dermed kunne se litt lenger frem.

Det finnes altså andre som bruker mange krefter på å forstå fenomener, som med forsiktighet kan sammenlignes med prosjekter.

Med Reynolds tall møter vi grensen til en helt annen verden, nemlig til de komplekse, dynamiske og dermed kaotiske systemene.

Mange vil kanskje si «Og hva så?» Slett så enkel er ikke vår verden. For nå bryter Ragnarokk løs.

Prosjektet er komplekst, og det er derfor potensielt kaotisk. Det krever at vi revurderer hele vår måte å lede det på.

1) Hopp, Wallace J. and Spearman, Mark L. (2000): Factory Physics, McGraw-Hill International Editions, second edition.

2) http://www.santave.edu/about/

Det komplekse prosjektet

*Hvor jeg introduserer Project Physics
og ser på hva ikke-lineære systemer
kan lære oss*

MED DENNE TITTELEN kunne leseren kanskje forledes til å tro at vi snart er i mål, for nå nærmer han seg det tullet. Om litt begynner han å snakke om kaos og den slags, men det mener han da ikke for alvor?

Men jo, det gjør han så sannelig. Flyt er kun det første av mine tre nye perspektiver. Med Reynolds tall i bakhodet er vi nødt til å se videre ut over kanten til turbulensen, kaoset, som truer på den andre siden. For når prosjektet så ofte ender i en kaotisk tilstand, må vi ta kaos alvorlig og gjøre noe med det.

Arbeidet med Project Physics har igjen fått meg til å ta opp prosjektets kompleksitet. Det skyldes dels at emnet på ingen måte er uttømt, og dels at vi igjen og igjen hører at prosjekter blir stadig mere komplekse. Dessuten er det vel naturlig å ta kompleksitetsteorien alvorlig, ikke minst fordi den er en ny og blomstrende vitenskap som i disse årene brukes over alt til å forklare fenomener vi møter i hverdagen. Da jeg skrev mine første papers om prosjektets kompleksitet for godt og vel ti år siden, mottok jeg hver uke en knapp håndfull abstracts om emnet kompleksitet. I dag er tallet steget til over hundre abstracts av vitenskapelige artikler, hver uke!

Mine egne skriverier om emnet blir samtidig lastet ned og sitert stadig oftere i alle deler av verden.

Her gjemmer det seg en gullgruve av idéer og kunnskap som bør inngå i Project Physics.

Prosjektet er et komplekst system

Prosjektet eksisterer i et uendelig nettverk av aktører, agenter som de kalles i kompleksitetsteorien, som er forbundet gjennom sine relasjoner. Agentene kan anta mange former, som for eksempel virksomheter, institusjoner, myndigheter og politikere, og de kan i hverdagen forekomme på flere nivåer, som for eksempel personer, grupper, underprosjekter, utvalg og myndigheter. Listen er lang, og den vokser hele tiden. I det siste er nabogrupper, miljøorganisasjoner og «grønne spirer» dukket opp med deres påvirkning på spesielt de store anleggsprosjektene. Disse agentene forbinder prosjektet til andre prosjekter gjennom sin deltakelse i et mangfold av prosjekter, som igjen kobler det til enda fjernere prosjekter.

Deltakerne i dette uendelige nettverket utfører operasjonene, mens deres relasjoner bestemmer flyten.

Dette uoverskuelige systemet er ytterst dynamisk. Deltakere kommer til og forlater nettverket hele tiden, og deres relasjoner endrer seg. Til og med systemet er lærende, hvilket øker dets dynamikk. Denne læringen finner sted såvel vannrett på samme organisatoriske nivå, lateral læring, som opp- og nedad i de respektive organisasjonene, vertikal læring.

Således er prosjektet et ytterst komplekst system i tre dimensjoner, hvilket i hverdagen ofte gjør det uforutsigbart kun få timer frem.

Men til gjengjeld lever nettverket til evig tid. Prosjekter

stopper, men agentene fungerer videre, nå bare i nye pro-
sjekter og dermed i andre relasjoner. Prosjektets spor forblir i
systemet: Dets læring, dets tap og konkurser, de nye agentene
som oppsto. Det hele spenner seg langt tilbake i tiden og vil
trolig eksistere til evig tid.

Vårt eget – store, synes vi – prosjekt er kun et bølgeskvulp
i dette universelle systemet av prosjekter.

Dette åpner mitt andre perspektiv: Komplekse systemer.
Fordi kaos kun eksisterer i slike systemer. Kaosteorien er en
ny og blomstrende vitenskap, som med utgangspunkt i Santa
Fe Institute i New Mexico for tiden sprer seg som en skogs-
brann.[1]

Så hold godt fast, nå kommer det en strøm av nye idéer!

Selvorganisering og emergens

La meg først gjøre en kort oppsummering: Newton og de
Laplace bragte oss orden og regler og gjorde planlegging
mulig. Poincaré skjøt hele deres vakre verdensbilde i senk.
Og Edward Lorenz gjenåpnet de ikke-lineære systemene for
forskere og fotfolk. Fotfolk som min sønn Rasmus og meg.

Den danske fysikeren Per Bak (1948 – 2002) formulerte i
1987 sin anerkjente teori om Self Organized Chriticality. Det
kan høres noe banalt ut, men han studerte sandhauger. Den
typen som barn lager på stranden, når de lar tørr sand drysse
ned slik at det oppstår en kjegleformet haug. Han og hans
kollegaer så på hvordan slike kjegler vokser og raser sammen.
Vi bygningsingeniører ville nok mumle noe om skredvink-
ler, men Per Bak fokuserte på antallet og størrelsen av de
skredene som skjedde i hans sandkasse.

De fant at dette dynamiske minisystemet selv fant frem
til sin optimale størrelse. Små skred skjedde relativt ofte
mens de større skjedde sjeldnere. Når man avbildet antall
og størrelse i et dobbel-logaritmisk koordinatsystem, dannet
punktene en rett linje.

Dette mønsteret fant de overraskende nok igjen nærmest
over alt når de så på naturens fenomener, for eksempel jord-

skjelv eller byers og virksomheters størrelse. Deres hypotese var at naturlige systemer utvikles av seg selv frem til denne kritiske tilstanden, hvor de så å si balanserer på kanten av kaos. For det er her de fungerer optimalt.

Stuart Kaufmann og hans kollegaer fra Santa Fe Institute tok tanken et skritt videre. De sa at det er her livet oppstår. Deres tenkning bygger dels på studier av fortidens levende systemer, dels på eksperimenter i computere med kunstig liv hvor naturens utviklingsprosesser simuleres.

Et begrep som også dukket opp i disse studiene, er emergens. *Emergens* vil si plutselig oppstående fenomener som ikke kan forutses ved bare å studere systemets enkelte elementer.

Ta for eksempel vann: Ved kun å studere oksygen og hydrogen hver for seg, kan man ikke forutse et fenomen som vann, og i enda mindre grad vannets tilstander is og damp, som på linje med fuktighet, bølger og strøm er emergente fenomener.

Mer fleipete er det samme sagt om smaken av en god og velmikset, kjølig dry Martini.

Jeg selv som bygningsingeniør bruker gjerne byer og byliv som eksempel på emergens. Fine byer oppstår ikke bare ved å plassere noen vakre hus sammen. Selv om de hver for seg kanskje er arkitektoniske mesterverk, kan de komme til å slåss mot hverandre om å være den flotteste, mens rommet imellom dem, der hvor vi mennesker ferdes, blir en svidd slagmark.

Byplanlegging var et fag i min ingeniørutdanning. Selv om jeg mest var opptatt av trafikk, og flyt, så var det noe som smittet av og som jeg senere har brukt. Byer er emergente fenomener som oppstår på godt eller vondt av seg selv, dersom vi ikke temmer prosessen.

Push eller Pull

Dersom verdenen hadde vært ideell, og dermed Newtonsk,

ville våre planer holde og prosjektet forløpe som et urverk når det først var satt i gang. Men slik er verdenen ikke, som både Poincaré og Lorenz påpekte. Det er ikke planene som det er noe galt med. Det er det vi planlegger som ikke oppfører seg som vi mener at det skal. Derfor må vi styre prosjektet. Det skjer dels ved å dele det opp i mindre deloppgaver, som suksessivt settes i gang, og dels ved å korrigere fortløpende når planen ikke følges.

Vanligvis styrer man prosjekter ved å forsøke å følge planen, slik man også gjør ved for eksempel drifting av tog. «Dispatch» heter prinsippet. Man setter i gang en oppgave når planen sier at den skal starte. *Push* kalles det også, fordi oppgavene så å si dyttes i gang.

Det finnes også en annen metode. En oppgave påbegynnes først når alle dens forutsetninger er oppfylt. Når dette er tilfellet, starter den så å si av seg selv. Det forholder seg nesten på samme vis som et tre som gror av seg selv når alle betningelsene er på plass. Prinsippet har fått betegnelsen *Pull.*

Det er med andre ord snakk om to prinsipielt forskjellige måter å styre på: Enten arbeides det i henhold til planen, eller det arbeides i henhold til situasjonen. I hverdagen kan vi kjenne det igjen i trafikkens lyskryssregulering. Lyskrysset er et push system. Her kjører og stanser trafikken avhengig av hva lyssignalet og det bakenforliggende programmet tilsier. Når det ikke finnes kjøretøy i den grønne ferdretningen, er krysset tomt, selv om det finnes ventende trafikk i tverretningen. Altså en sløsing med kapasiteten.

Rundkjøringen fungerer derimot som et pull system. Den så å si trekker trafikken inn hvis det er plass, og kapasiteten kan utnyttes fullt ut så lenge det finnes kjøretøy.

Vi kan også si at push skjer ovenfra mens pull skjer nedenfra. I ordnede systemer som krever regler og forutsigbarhet, som for eksempel togdrift, er push-styring det riktige. Er det derimot snakk om mer usikre situasjoner og flyt med stor variasjon, vil pull være den riktige strategien. Dette betyr at vi i prosjektstyringen burde benytte oss av pull, selv om vi stort sett alltid benytter oss av push. Ingeniører, jurister og økonomer vil som regel ha god kontroll over alle forhold. Det er en del av deres natur.

Styring er derimot blitt mer overgripende enn man kan tenke seg, for styring er blitt en helt egen fagretning. Den omhandler blant annet utviklingen av roboter og romraketter. Kybernetikk kalles det.

Styringsteori

Uten å kjenne faget dyptgående, har jeg kommet til en rekke egne konklusjoner om forståelsen og tilretteleggelsen av styringen av et komplekst og dynamisk system som prosjektet er. Denne forståelsen er stikk i strid med den gjengse oppfatningen jeg møter i mange prosjekter. Det gjelder spesielt de offentlige prosjektene hvor styring gjerne forveksles med rapportering. Men styring er ikke det samme som rapportering. Styring er handling, gjerne handlingen her og nå, avhengig av situasjonen. Tenk igjen på trafikken. Det er personen nærmest situasjonen som reagerer, og vedkommende gjør det ut fra sin beste kunnskap om såvel målet som situasjonen.

Prosjektet er, akkurat som Per Baks sandhauger, rikt på små og mindre hendelser som alle må korrigeres her og nå, mens det kun er få av de store og alvorlige som krever rapportering og fintenkning på høyere nivåer.

Og fordi hele situasjonen, som tidligere beskrevet, er prinsipielt kaotisk, er det personen på stedet, *the last planner*, den siste planleggeren, som må ta aksjon.

Naturligvis må ikke all styring skje fra det absolutt laveste nivået, men generelt bør styringen finne sted så nært den aktuelle situasjonen som det er praktisk mulig. Oversikt kan være nødvendig, men nærhet er det så sannelig også. Vi snakker altså om en balansert vurdering av hver enkelt situasjon.

Ofte møter jeg en tendens til å sparke problemene oppover for å unngå ansvar. Men slik jeg ser det, er dette ikke godt nok. Vi bør fjerne angsten for å beslutte og selv ta aksjon, ved å gjøre det akseptabelt at man tar feil. I det hele tatt har vi mye å lære om styring av en kompleks og dynamisk situasjon.

Retten til å styre på et høyere nivå bør ikke automatisk medføre plikt til å styre på de lavere. Kun retten til å delegere, dersom vi skal balansere optimalt på kanten av kaos.

Kaos

Prosjektet starter sjeldent med kaos, selv om det kan forekomme. Normalt starter det hele tvert i mot ordnet, hvor alt er planlagt, avtalt og tilrettelagt, som en kjent filmfigur yndet å si. Derfra går det så gradvis mer og mer galt, inntil det hele ender i... Ja, nettopp: Kaos!

Som omtalt i avsnittet om flyt og turbulens, er kaos ikke noe uventet, noe som bare skjer, men tvert i mot er det et kjent og studert fenomen. Det er i dag gjenstand for en helt ny og raskt voksende vitenskap. Populært kalles den kaosteorien. Mer vitenskapelig kalles den *Complex Systems Science*. For det er nettopp kompleksiteten som er det sentrale i denne vitenskapen.

Spiren til denne nye vitenskapen lå allerede i fornemmelsen av de ikke-lineære systemenes skjulte merkverdigheter. Fremsynte matematikere, som Poincare, ante dette da de utfordret de Laplaces rasjonelle tenkning. Små avvik forblir ikke små, men har det derimot med å vokse uhyggelig raskt, som Lorenz oppdaget da han fylte på med papir i skriveren.

Kaosteorien medfører noe helt sentralt for prosjektforståelsen: Planer holder aldri. Ikke fordi de er dårlige, men fordi de ikke kan holde!

Jeg vet jeg gjentar meg selv, men budskapet er sentralt i min forståelse av prosjektet. Jeg opplever igjen og igjen at det i mine tilhøreres nikkende hoder ligger et «Ja, men likevel».

Jeg sier ikke at planer er unyttige, men jeg sier at det er planleggingen som skaper nytten. Ikke selve planen. Med andre ord: Det er prosessen og dens dynamikk som skal i fokus, ikke rapporter, kontroller, tilsyn og styringsgrupper.

Det gjelder såvel i selve prosjektets hverdag som i dets planlegging og styring.

Når kaosteorien har hatt slik suksess, skyldes det blant annet dens evne til å forklare levende systemer av helt ulik art: Nasjoners samspill, organisasjoner, byers vekst, trafikk, maurtuer, livets oppstandelse, sykdommer og mange flere. Stort sett alle vitenskapelige domener stikker hodet frem i den stadig voksende strømmen av vitenskapelige publikasjoner innenfor dette området.

Kaos er et svært diffust begrep, som dessuten ofte er subjektivt. Derfor har jeg i min egen forståelse valgt å si: Jeg oppfatter et system som kaotisk, når det er

uforutsigbart i det tidperspektivet vi ønsker
med den nøyaktigheten vi behøver.

Det er en enkel og operasjonell definisjon som på mange måter er dekkende, selv om den neppe er vitenskapelig holdbar. Den gjør kaos håndterbar i hverdagen. Vi kan med denne definisjonen skru på de to knappene tidsperspektiv og nøyaktighet, og med det ofte slippe ut av den kaotiske tilstanden enten ved å avkorte tidsperspektivet eller ved å redusere på kravet til nøyaktighet.

Det er nettopp dette vi gjør i Last Planners pull-tenkning.

Det usannsynlige skjer ganske ofte

Men før jeg forlater disse smått filosofiske betraktningene om teori og beveger meg videre til prosjektet, slik det ofte utfolder seg, så la meg også omtale usannsynlighetsprinsippet.

«Hole in one» er golfspillerens våteste drøm. Det sier de av vennene mine som dyrker golf. Og jeg tror dem. «Hole in One» er ikke bare noe som skjer. Det er noe som huskes. For andre kan den våteste drømmen være å vinne «7 uten doblet» i en bridgeturnering, der motspillerne har strandet i «fem kløver». Eller når alt faller på plass i ens liv og man møter den eneste ene.

Den slags skjer. Ut fra en alminnelig snusfornuftig betraktning skjer det kanskje én gang, men ikke to. Og da slett ikke i løpet av noen få uker. Men den engelske matematikeren professor David J. Hand sier at det gjør det rent faktisk. I sin bok om usannsynlighetsprinsippet forklarer han hvorfor det usannsynlige skjer ganske ofte i virkelighetens verden.[2]

Faktisk sa Per Bak det allerede i 1996 i boken How Nature Works[3] med utsagnet:

Sannsynligheten for at det vil skje noe usannsynlig er svært stor, fordi det er så mye usannsynlig som kan skje.

I et stort prosjekt, som jeg for kort tid siden medvirket i, ble dette utsagnet raskt endret til uttrykket *Shit Happens*. Det ble sagt med et smil om munnen, for nå visste og forsto alle at sånn må det være. Og enda bedre: Mye av den kritikken av andre man ofte møter i prosjekter, ble unngått. I komplekse systemer er det sjeldent én enkelt synder som er årsak til avvik, men et uheldig sammentreff av begivenheter.

Med dette stopper jeg mine betraktninger om Project Physics. Men ikke fordi emnet er uttømt, for det er det aldeles ikke. Det ligger tvert i mot en masse relevant og uutnyttet kunnskap og venter på en nytenkning i relasjon til prosjektet, dets organisering og det ledelse.

Det finnes mye kunnskap i de naturvitenskapelige domenene, men sannelig også i de sosiale vitenskapene. For det er kanskje langt viktigere å forstå prosjektet som et samarbeid og dermed som et selvstendig sosialt system. Det vender jeg tilbake til i det femte essayet.

Som hovedtema i dette essayet leder det meg uunngåelig til mitt tredje perspektiv, nemlig prosjektet som et samarbeid. Nøkkelen til å styre komplekse systemer er samarbeid og delegering.

Det utdyper jeg videre i mitt sjette og syvende essay, om det selvstendige og det levende prosjektet. Der kommer jeg kanskje med tanker som kan overraske og provosere, men som jeg selv tror på.

Bare vent og se!

1) http://www.santave.edu/about/

2) David J. Hand (2014): The improbability principle: why coincidences, miracles, and rare events happen every day. Scientific American / Farrar, Straus and Giroux, New York.

3) Bak, Per (1996): How Nature Works – The Science of Self-Organised Chriticality. Copernicus Press.

Det metodiske prosjektet

*Hvor jeg ser på hvordan Last Planner
vender prosjektledelsens
pyramide på hodet*

DA JEG FORTALTE MINE VENNER, de tre musketerene Glenn Ballard, Gregory Howell og Lauri Koskela, at jeg ville skrive disse essayene, og at et av dem ville behandle metoder og verktøy, kom det flere advarende røster. Pass nå på at du ikke gjør det til en manual hvor hele forståelsen av *hvorfor* går tapt, lød det.

Det rådet forsøker jeg å følge. Men før jeg i de følgende to essayene fortsetter med mine teoretiske funderinger, finner jeg det på sin plass å stoppe opp og se litt på hvordan vår nye forståelse av prosjektet som en flyt kan omsettes i en ny metodisk tilgang til prosjektet og dets ledelse.

Det kommer først og fremst til å handle om Last Planner. Det er en velprøvet metodikk som i all sin enkelhet bare virker. Men deretter handler det også litt om hvordan prosjektet som helhet burde gripes an, hvis man for alvor skal følge teorien om dets væremåte.

La prosjektet styre seg selv

Har man først fanget forståelsen, et know why, er The Last Planner System of Production Control den innlysende og riktige innfallsvinkelen til prosjektets organisering og ledelse.

Last Planner, som er blitt den forenklede hverdagsversjonen, bygger på forståelsen av prosjektet som en flyt i et komplekst system, akkurat som rundkjøringen som styrer seg selv. Enkelt og genialt uttenkt av Glenn Ballard med inspirasjon fra Greg Howell. For mange i dag er det synonymt med lean construction.

Vi utviklet i NIRAS nesten samtidig et lignende system under våre forsøk med byggelogistikken, og jeg er stadig litt misunnelig på Glenn og Greg over at det ble de som «vant». Men vi hadde den gangen ikke den riktige teorien, know why, og vi kom derfor ikke videre.

Man kan i dag ikke si lean construction uten også å si Last Planner. For mange er de to begrepene identiske, men mens lean construction er en tenkning, en filosofi, en forståelse og til en viss grad en livsholdning, så er Last Planner en metode. Last Planner er en logisk konsekvens av tenkningen og dermed en stor del av årsaken til at lean construction for tiden sprer seg til alle deler av verden. For Last Planner virker, også på andre typer av prosjekter.

Så la meg prøve å forklare Last Planner i lyset av den teorien som jeg nettopp har presentert, for å vise at en god teori virkelig kan være et praktisk verktøy.

Basis for Last Planner er forståelsen av prosjektet som et komplekst og dynamisk system. Som alle komplekse systemer har det en innebygget tilbøylighet til selv å søke seg til kanten av kaos hvor det fungerer best. Det uforutsette og det uventede skjer derfor svært ofte, uansett hva vi ellers gjør.

Last Planner antar derfor samtidig at planer ikke holder, av den enkle årsaken at de ikke kan holde.

Last Planner skaper i bunn og grunn en pull-styring, altså

en styring nedenfra og opp. Det er mannen på stedet, the last planner, den siste planleggeren, som best kjenner situasjonen, og det er derfor han, eller rettere sagt de, for i byggingen er det jo mange fag involvert med hver sin siste planlegger, som kan beslutte hva som vil skje. Sett fra dette ståstedet har alle personene på nivåene over disse siste planleggerne prinsipielt som oppgave å holde kjeft. De skal sørge for at mannen på stedet har det han sier at han trenger her og nå.

Mannen på stedet!

I realiteten kan det sammenlignes med gartnerens oppdrag for det nyplantede treet i hagen. Treet har bruk for vann og gjødsel, lys og luft og et minimum av kvelende ugress. Sørger gartneren for at treet får alt dette i rette mengder, så skal treet nok selv finne ut av å gro, takk. Og gjerne uten forstyrrende innblanding.

Last Planner vender med andre ord pyramiden på hodet, slik som en for lengst avgått SAS-direktør også gjorde det. Og som general McCrystal gjorde det med sine amerikanske tropper i Irak, for den saks skyld. McCrystal vender jeg tilbake til i et senere essay.

Fem trinn i planleggingen

Last Planner arbeider med fem trinn, eller perspektiver, i planleggingen av de ulike arbeidsoperasjonene: *Bør skje, kan skje, vil skje, skjer* og *har skjedd*. Dette preger de forskjellige typene av planleggingsaktiviteter som alle ivaretas i tett samarbeid mellom de relevante aktørene.

BØR SKJE er det som burde skje hvis prosessen var ideell, men som aldri skjer i virkeligheten fordi shit happens. Bør skje fastlegges gjennom en prosessplan som utarbeides av prosjektdeltakernes ledere og deres faste funksjonærer på prosjektet. De het tidligere formenn, og den betegnelse holder jeg fast ved i det etterfølgende. Formannen er den som til daglig står for selve utførelsen av arbeidet, den som i de tradisjonelle fagene aktivt deltar. Altså deres Last Planner.

Begge må være med. De er hver for seg nøkkelpersoner for å sikre at forutsetningene er til stede når arbeidet skal utføres.

Prosessplanen fastlegger den best mulige prosessen, og det er den man styrer etter. Alle vet at planen ikke holder, men man lager den likevel i fellesskap og gir hverandre et håndslag på at det er slik prosjektet bør gjennomføres.

Prosessplanen beskriver altså det som man bør strebe etter. Den er deltakernes avtale om den beste måten å gjennomføre nettopp dette prosjektet på. Ikke prosjektledelsens, men deltakernes egen plan, avtalt og omforent i fellesskap.

Typisk skjer det ved at alle deltakerne gjennomfører en test av byggeprosessen med «gule lapper» i ulike farger, en farge for hvert fag, hvor hver lapp beskriver en bestemt operasjon i prosjektet. Lappene settes opp på en lang vegg, eller det som nå er praktisk, hvor man så å si forhandler seg til hvordan grensesnittene skal håndteres. Ofte planlegges det «bakover» ved å utgå fra spørsmålene: Hva har vi når vi er nådd til dette punktet? og Hva er forutsetningene for det? Og slik gnager man seg skritt for skritt bakover gjennom prosjektets flyt til man når frem til oppstarten.

En litt utradisjonell tenkning. Normalt planlegger vi forover, men å planlegge bakover er mye bedre, for dermed finner vi de forutsetningene som vi ellers ofte overser. De fleste av oss bruker vel også intuitivt denne typen planlegging når vi skal nå et fly klokken 09:05 i lufthavnen, men før det må både rydde og låse huset og bringe hunden til noen venner. Vi planlegger bakover.

Blant de øvrige, store, fordelene ved prosessplanleggingen er at alle er nødt til å ta stilling til prosjektet ut fra deres kommende samarbeid. Prosessplanen handler nemlig ikke om den enkeltes operasjoner, men om den felles flyten, altså om overleveringen av løste oppgaver. Alle står ved veggen, alle snakker med hverandre underveis og plutselig har vi skapt et team.

Uheldige løsninger i prosjektet blir oppdaget i tide. Prosjekteringslederen er selvfølgelig med og kan ta stilling til uklarheter og eventuelle korrigeringer. Komponenter med lang leveringstid, godkjennelser eller byggherrebeslutninger blir definerte og lagt inn i To Do listen, som er nøkkelen til Kan skje.

KAN SKJE er der hvor de kommende oppgavene forberedes. Her møtes møtes basene for å sikre at alt som skal brukes i den nærmeste perioden, typisk 3-5 uker, også virkelig er på plass, slik at oppgavene er sunne når de skal utføres.

Her er det med andre ord logistikken og de syv forutsetningene som er i sentrum, ikke oppgavene i seg selv.

VIL SKJE er the last planners avtale om de neste ukenes oppgaver. Det er her det gis håndslag på at slik arbeider vi videre. Den følges opp ved daglig å stikke hodene sammen ved et kort morgenmøte for å koordinere dagens samarbeid.

Ukeplanen ser først og fremst på den neste ukens daglige aktiviteter, men man kikker også litt på uken etter for å forvisse seg om at det også er sunne oppgaver der.

SKJER utfolder seg på det daglige, ganske korte, morgenmøtet, hvor gruppen av last planners stikker hodene sammen og detaljkoordinerer dagens oppgaver.

Og endelig **HAR SKJEDD**, som er den helt avgjørende læringen, og som er en vesentlig faktor for komplekse systemers utvikling. Feil er for dyre til å bli skjulte. De skal brukes til å lære av. Her fokuserer man på det som likevel ikke skjedde, finner årsaken til avviket og griper inn. Indikatoren PPU, Procent av det Planlagte som ble Utført, er et viktig verktøy som sier hvor pålitelige vi er i vår flyt.

Måten PPU sammenstilles på, sier mye om flyttenkningen bak Last Planner. PPU beregnes ganske enkelt ved å se på hvor mange av de planlagte oppgavene som ble helt avsluttet som planlagt. Ikke nesten avsluttet, men helt avsluttet, og klar til at neste oppgave kan overta. Man ser altså ikke på mengden av utført arbeid, men på påliteligheten i flyten.

Hvor ellers skjer dette i dagens operasjons- og økonomifikserte prosjektstyring?

Last Planner ser på overflaten ut som en metode, men det er i bunn og grunn en tenkning. Prosjektet balanserer på kanten av kaos, hvor det usannsynlige skjer ganske ofte. Derfor er det mannen på stedet som må ta aksjon, og det fører til en pull-logistikk. Samtidig krever Last Planner ubetinget pålitelighet og dermed samarbeid.

Alle delene synes å falle på plass, og vi har et solid grunnlag for en ny prosjektledelse.

Greg Howell og jeg satt en aften hjemme hos ham i Idaho, etter en lang og tenksom tur med hans hund Nanna opp i dalen bak hans hus, og sammenlignet Last Planner med Byggelogistikk. Vi kom til den forbløffende konklusjonen at uansett om man styrte arbeidsoppgavene eller materialeleveransene, ville man komme frem til en metode som Last Planner. Og neste morgen kom Greg ned til frokosten med en liten og tett skrevet Post-It lapp. Han sa at han hadde tenkt over det, og han var kommet frem til at metoden visst nok gjaldt for alle de syv typene av forutsetninger.

Hallo!

Last Planner er en generisk metode som dukker opp av seg selv dersom man tenker flyt. Og en god teori er altså det mest praktiske verktøyet man kan ønske seg.

Så det er lys i enden av tunnelen.

Det virker, men bare hvis forståelsen er med

Last Planner virker hvis metoden brukes riktig. Fra hele verden kommer det rapporter om hvor godt den virker. Glenn

Ballard reiser kloden rundt og snakker, og overalt dukker det opp konsulenter som tilbyr å hjelpe med innføringen av metoden. Altså en stor suksess!

Men nei, ikke helt, for Know Why følger sjeldent med. Noen smarte, yngre ingeniører putter metoden inn i regneark eller andre it-systemer, og andre formaliserer den i skjemaer og rutiner. Dermed overser de den opprinnelig enkle og geniale idéen: Det er den faglærte mannen på plassen som vet mest om situasjonen og hva han har bruk for. Her og nå!

Jeg har med årene selv gått den motsatte veien, ved å gjøre budskapet så enkelt som mulig. Ofte ned til utsagnet:

Sørg for at ting kan skje, når de skal skje, og unngå å gjenta dine feil.

Jeg kan godt se at det ikke er særlig innbringende for en rådgiver å si det så enkelt, men det er altså sannheten. Jeg opplever som regel at budskapet går rett hjem hos folka på byggeplassen og skipsverftet, mens det derimot tar litt lengre tid for funksjonærene. De forstår bare ikke at det kan være så enkelt. Men det er det, hvis man lærer å tenke flyt. Det er til gjengjeld flytforståelsen som er det vanskelige.

Når jeg forteller erfarne prosjektledere om denne enkle metoden, får jeg utrolig ofte høre utsagnet: «Det er jo nesten det samme som vi allerede gjør!» Men det er stort sett aldri det samme når jeg spør nærmere. Nesten hver eneste gang viser det seg nemlig at de ikke tenker på flyt. De tenker på operasjoner. Flyttenkningen ligger meget fjernt fra vår rasjonelle tenkning.

For noen år siden ble jeg lei av disse spørsmålene, og jeg laget derfor en sjekkliste. Den stikker jeg i dag i hånden på alle de som mener at dette gjør de jo allerede. Det har hjulpet, men ikke tilstrekkelig. Det er ytterst sjelden jeg møter noen som virkelig tar budskapet til seg.[1]

De som stadig tviler bør ta seg tid til å lese den umåtelig

underholdende boken «BETON, Historier fra skurvognen» av Jakob Mathiassen. Den forteller en masse om den hverdagen vi sjelden møter, fortalt av mannen på plassen.[2]

Men hvordan gjør man det i praksis? Hører jeg noen si.

Ja, tja og bom, bom, bom, som en politiker så klokt svarte på spørsmålet om hva han nå ville gjøre etter et valgnederlag. Hva skal man ellers svare.

Men la meg likevel ta sjansen og reflektere meg gjennom prosjektet. Naturlig nok vil jeg ta utgangspunkt i teorien og betrakte prosjektet gjennom filtrene Verdi, Flyt og Operasjoner.

Hva ellers. Men så?

Jo, først ville jeg finne ut av hva det hele egentlig dreier seg om. Hva er det for et problem prosjektet skal løse? Hva er den riktige fremgangsmåten? Er det et plassproblem? Er løsningen å bygge, eller å leie, eller å kjøpe, eller å trimme organisasjonen, eller å outsource eller...

Det er ofte mange forskjellige måter å løse et problem på. Alt for ofte velger man den umiddelbart mest nærliggende løsningen uten en grundigere vurdering.

Deretter ville jeg mer detaljert overveie fremgangsmåten. Skal jeg selv være byggherre? Og dersom ja, skal jeg benytte en totalentreprenør, en hovedentreprenør eller en flokk av fagentreprenører? Eller kanskje burde jeg heller overlate byggherreoppgaven til en utvikler eller en investor? Og sånn ville jeg fortsette til det lå et avklart og nedskrevet beslutningsgrunnlag for prosjektet, som alle deltakerne i den videre prosessen må kjenne.

Med dette på plass, ville jeg se meg om etter deltakere til prosjektet.

Velg dine partnere med omhu
Som i så mange ting her i livet, må man også i prosjektet velge sin partner med omhu. Her er det enda mer vanskelig,

for vi må som regel velge et antall partnere til vårt prosjekt. Med en liten omformulering av et av Kumbel Kumbells mange gruk, kan man si at: «På hvem at holdet sammenstykkes, beror det om prosjektet lykkes. En enkelt tomskal tatt med, kan volde en fatal fortred.» (På norsk kan ordtaket løselig oversettes til: «Lagets sammensetning påvirker prosjektets utfall. Liten tue kan velte stort lass.» Gruk er et sammenslått ord av de danske ordene grin og suk, dvs. latter og sukk, og står derfor uoversatt. Kumbel Kumbell var et pseudonym benyttet av forfatteren Piet Hein. (o.a.))

Okay, Piet Hein skrev det om en selskapsmiddag for mer enn femti år siden, men som de fleste av hans dikt, gjelder det også helt allment. I de fleste prosjektene starter vi her med å skyte oss selv i foten.

Vi utpeker deltakerne gjennom en konkurranse.

Unngå anbudskonkurransens forbannelse

Et byggeprosjekt blir typisk satt i gang etter en anbudskonkurranse. I hvert fall hvis det er et offentlig prosjekt hvor konkurranse er påbudt i henhold til loven om offentlige anskaffelser. Men hva er konkurransens fornuft, og holder det i dagens virkelighet?

Konkurransen bygger på den antagelsen at byggherren vet hva han vil ha og at han er i stand til å formulere sine ønsker i et konkurranseprogram. De konkurrerende deltakerne må så kunne forstå og omsette konkurranseprogrammet til egne visjoner.

Men her møter vi den første fundamentale feilen, utsprunget av vårt rasjonelle verdensbilde. Byggherren kan aldri formulere sine krav til noe ikke eksisterende. Ønskene må formuleres i en kreativ dialog som en del av prosessen hvor tanker og visjoner formidles.

Konkurransen er en sikker vei inn på feil spor dersom man ønsker et sunt prosjekt hvor økonomi og tid blir overholdt. En av vår tids førende arkitekter, Boye Lundgaard (1943–2004), uttrykte det slik da jeg en gang drøftet konkurranser med ham: De færreste byggherrene er klar over hvor mye de låser prosjektet når de ber oss om bare å lage et par enkle skisser.

Det er vel også kun offentlige og halvoffentlige byggherrer, og kanskje amatører, som holder fast ved denne primitive formen for utvelgelse av samarbeidspartnere. Det er kanskje fordi lovgivningen tvinger dem til det. Forsto man virkelig prosjektets natur, ville mange økonomer og jurister neppe komme langt med kravet om å velge samarbeidspartnerne etter laveste pris, og ikke etter tillit.

Jeg har selv prøvd å argumentere valg av en hovedentre-prenør etter tillit og «riktig pris» overfor en generalforsam-ling i vårt borettslag, og jeg skal hilse å si at det ikke er lett. Men det er mulig. Så av og til føler jeg at det er en bekvem unnskyldning å gjennomføre en anbudskonkurranse.

Men videre til selve prosjektet.

Nøkkelen til min forståelse av det nye prosjektet og dets ledelse vil være Verdi, Flyt og Operasjoner. Last Planner vil naturligvis ligge høyt i min tenkning, men først ville jeg prøve å forstå prosjektet med de tre perspektivene og deretter å organisere det tilsvarende.

Verdi

Å skape verdi er hele prosjektets formål, og dette perspek-tivet må derfor være helt sentralt ved ledelsen av ethvert prosjekt. Også utenom byggingen. Men akk som dette aspek-tet misryktes på det grusomste i mang en prosjektledelse! I mitt profesjonelle virke er jeg blitt oppdratt med den grun-nholdningen at klientens interesser går foran alt.

Først leverer du din beste rådgivning, din fulle arbeids-kraft og all din oppmerksomhet, inntil problemet er løst, og deretter forventer du at klienten honorerer din innsats på passende vis. Da kan begge partene bli fornøyde og møtes igjen i neste prosjekt.

Du tenker naturligvis hele tiden på klientens prosjekt, både på jobb og på fritiden, når du rir en tur i skogen, seiler på havet eller går tur med hunden. Klientens prosjekt og antatt kommende forbedringer ligger i bakhodet, og du støtter klientens egen prosess med gode forslag. Forslagene kan forkastes eller godkjennes, gjerne som egne, hvis klienten bruker dem til å skaffe dere begge flere prosjekter.

Samarbeidet med din klient og ditt team må være som et lagspill hvis det skal lykkes, og tillit er nøkkelordet. Vel å merke tillit i alle ledd, altså også i din egen organisasjon og i klientens.

Verdiskaping bygger på godt samarbeid og gjensidig forståelse, som i seg selv er verdi i prosjektet. I mine unge år som rådgiver hadde vi relasjoner som var nærmere vennskap, og vi kjente og forsto hverandre og skapte fantastiske resultater gjennom denne synergien.

Verdi er nemlig vanskelig å kvantifisere. Pris er til gjengjeld ganske presis. Tror man. Og så bruker man prisen som kriterium i stedet for verdi. Men prisen er i praksis ikke det spor presis, for prosjekter uten tilleggskostnader er nærmest en utopi.

For å si det i den evige trekantens perspektiv: Hensynet til operasjonene og pengene reduserer verdien, og det skader nesten med sikkerhet et godt samarbeid og en effektiv flyt. Og man ødelegger dermed produktiviteten.

En felles kreativ prosess

Skulle jeg som byggherre starte et nytt prosjekt, ville min første utfordring være å velge hvem jeg vil ha med på teamet.

Vi må «vinne» sammen. Jeg bygger ikke for å spare penger, selv om budsjettet må holdes. Men fremdriften må så sannelig også overholdes. Dessuten må alle involverte gjennom hele prosjektets livsløp, helt frem til huset en dag blir revet ned igjen, være fornøyde.

Hvis jeg kunne formulere mine egne spilleregeler, for deretter å invitere til en «søknad om deltakelse», ville jeg gjøre det på etterfølgende måte. Såfremt jeg ikke helt enkelt fikk lov til å velge laget mitt selv.

Jeg ville ikke hatt noen prekvalifikasjon, men en enkel

stillingsannonse. Akkurat som jeg ville gjøre det hvis jeg trengte en ny medarbeider til min egen virksomhet. Jeg ville intervjue deltakerne. Altså ikke firmaenes ledere, men utvalgte nøkkelmedarbeidere som foreslås til mitt prosjekt. Og jeg ville velge den jeg kom best overens med, i forventning om at vedkommende ville være best i stand til å formidle mine visjoner til sine egne omgivelser, på samme måte som jeg ville ha til oppgave å gjøre det i mitt eget miljø. Ubevisst er vi en fundamental flaskehals i prosjektets flyt av informasjon.

Deretter ville jeg starte en rekke workshops, hvor vi kunne lære hverandre å kjenne og finne vår samarbeidsform Eller oppdage at vi likevel ikke passer sammen. Mange ganger skyldes våre problemer i samarbeidet at vi ikke snakker samme språk, og det skal vi koordinere og være sikre på at virker før prosjektet selv kan finne sin vei til suksess, som i en harmonisk familie. Vi skaper nemlig kun omgivelsene og sørger for forutsetningene, mens det er prosjektet selv som avgjør om det blir en suksess eller en fiasko. Mine beste prosjekter har alltid vært de hvor alle deltakerne har vært tilfredse med forløpet, og heldigvis har det gjennom årene vært ganske mange av dem.

Der er mange måter å starte et godt samarbeid på, på samme måte som et godt vennskap, og det er det vi har bruk for i prosjektet. Jeg har deltatt på en del «konsulentøvelser», men sjelden noen som har overbevist meg om at dette er rett vei. Men hver sin smak. Selv foretrekker jeg å diskutere prosjektets teori i en avslappet form og fortelle at vi er her for å samarbeide. Og hvis vi gjør det ryddig, er det nok med penger i budsjettet til at alle kan gå fornøyde hjem.

Verdiledelse
Med VFO-teorien i bakhodet er det helt naturlig å organisere mitt prosjekt med tre assisterende prosjektledere, en for hver av de tre dimensjonene i trekanten. Og med klare oppgaver i forhold til VFO-teorien.

Så aller først: Hvor er prosjektets *verdileder*?

Når prosjektets formål er å skape verdi, er det vel naturlig at det er en person i prosjektledelsen som sikrer at dette skjer. Daglig og kontinuerlig. At resultatet leverer den forventede verdien, og at prosessene også gjør det.

Men verdien er jo allerede fastlagt gjennom byggeprogrammet eller hovedprosjektet, vil noen si. Men hva med prosessen, spør jeg. Sover byggherren rolig om natten i tillit til at prosjektet kommer i mål som planlagt? Har omverdenen tillit til at prosjektet lever opp til det vi har lovet?

Verdiledelse er kanskje ikke den største oppgaven i prosjektledelsen når byggingen først er i gang. Men den er ytterst viktig, for å skape verdi er jo hele prosjektets formål.

Så en value manager, en verdileder, vil være en sentral person i mitt prosjekt. Selv om arbeidsoppgaven ikke nødvendigvis er stor, kan den ha enorm betydning for prosjektets suksess. I tillegg til oppdragsgiveren er det jo en lang rekke andre interessenter i prosjektet, og det må være noen som har tid til å lytte til dem og bringe deres ønsker inn i prosessens hverdag.

Jeg har dessverre aldri hatt mulighet til å teste en slik verdiledelse i praksis, så jeg kan kun anta hva en verdileder skal ha ansvar for. Skulle jeg gjøre det i dag, ville jeg ansette en person med sterke sosiale evner, en som kunne skape trygghet og trivsel, men på en svært seriøs måte.

I naturgassprosjektet hadde vi en funksjon vi kalte *Systems Engineering*. Her satt et par mann og holdt øye med at det dynamiske prosjektet hele tiden levde opp til klientens tekniske forventninger, men det var jo bare en liten del av verdiledelsen, til tross for dets viktighet.

Et annet element var at vårt eget hus alltid sto åpent og enhver god anledning ble benyttet til en fest, som regel på NIRAS regning. Vi hadde mange utenlandske deltakere i prosjektet, og det å komme bort fra hotellrom og inn i vårt store landkjøkken, la fundamentet for et godt samarbeid. Mange problemer ble løst ved kjøkkenbordet.

Men bidro det til verdiskaping, kan jeg høre min kritiske

redaktør mumle i bakgrunnen. Ja, det gjorde det. Vi snakket oss gjennom mange hindringer ved peisen på kjøkkenet og fikk dem fjernet med en gang. Ofte var også klienten en av de inviterte. Det Greg Howell kaller «Two Beer Questions», ble ikke bare avklart på aftener som disse, men i tillegg ble teamet enda bedre knyttet sammen.

Senere, da jeg arbeidet med de lokale gassforsyningsledningene, skrev jeg en liten epistel med tittelen: Hva gjør et naturgasselskap? Det var midt i den hektiske startfasen, men mitt logiske svar var at det leverer energi. Ikke gass, men nettopp energi, altså noe alle de kommende kundene allerede hadde i form av sentralanlegg, fyringsovner og så videre. Altså, skrev jeg: Dere skal ut og selge en verdi som kunden allerede har. Lovgivningen reduserte muligheten for en reell priskonkurranse, men det var selvsagt andre fordeler. De skulle deres salgsfolk nok klare å finne.

Men, skrev jeg, dere kan ødelegge det hele i startfasen hvis deres entreprenører opptrer brutalt, som anleggsentreprenører ofte hadde for vane. Har dere først etterlatt en hage som en slagmark, kan dere vinke farvel til flere kunder langs den veien eller i den grunneierforeningen. Med andre ord, ikke laveste pris, men beste verdi. Og dette gjelder jo ikke bare med gassledninger, men like så mye ved rehabiliteringer, hvor man skal inn i folks private boliger. Og det gjelder også ute i hele byen, hvor man ofte opplever hemningsløse utgravinger til tunnelbaner og veianlegg, bare fordi det er den billigste løsningen.

Da man bygget Øresundsforbindelsens landanlegg, gjorde man ganske mye ut av nabotilfredsheten, en verdi som ofte glemmes ved store anleggsprosjekter. Man listet opp kriterier, og man målte på dem.[3]

Det virker som om min verdileder kan få ganske mange oppgaver å løse i løpet av prosjektperioden.

Flyt

I 1997 skrev Glenn Ballard et paper som han kalte «Lookahead Planning, the Missing Link in Lean Construction», hvor han pekte på nødvendigheten av å se forover i prosjektet og forberede de oppgavene, som ville dukke opp i de kommende ukene. Med andre ord: Logistikken. Det er det som skjer i Last Planners *Kan skje* planlegging.[4]

Glenn gjorde selve forberedelsen av prosjektets operasjoner til en disiplin i seg selv, og han flyttet dermed prosjektledelsens fokus fra operasjoner til flyt, til forberedelser og dermed til pålitelighet. Factory Physics hadde åpnet køteorien for ham og Greg Howell. De innså at pålitelighet er nøkkelen til bedre flyt og dermed en øket effektiv kapasitet, med raskere prosesser og lavere kostnader.

Den økede påliteligheten forvandlet en del av de to tredjedelene av arbeidstiden som ikke skapte verdi, til verdiskapende arbeidstid. Helt av seg selv. Med en bedre logistikk gled arbeidet helt enkelt mye bedre. Prosjektet kunne gjøres raskere, og folkene på akkord tjente bedre fordi deres sløsingtid ble redusert. Alle var fornøyde.

Flytledelse

I vårt forsøk med Byggelogistikk innså vi tidlig at det måtte være en person som tok seg av logistikken. På godt jysk kalte vi ham en fikser, et begrep man den gang brukte om ham som sørget for at alt fungerte ved sølvbryllupet i forsamlingshuset. Et godt begrep, og med den rette kvinnen eller mannen i funksjonen, så vi at det virket igjen og igjen.

I begynnelsen så vi fikseren som et supplement til byggelederen, som så kunne konsentrere seg om de formelle spørsmålene som tilleggsarbeider, kvalitetssikring og betaling. Fikserens jobb var derimot å koordinere og sikre at hele flyten fungerte.

Det virket! Så godt, til alles forbløffelse, at vi nesten kunne unnvære byggelederen.

I dag ville en dedikert *prosessleder* derfor være en sentral person i mitt prosjekt. En av de primære oppgavene ville være å få Last Planner til å virke i hverdagen og samtidig få samarbeidet til å fungere.

Enkelte fremsynte entreprenører har allerede sett behovet. De har tatt konsekvensen og flyttet byggemøtene helt bort fra byggeplassen og tilbake til kontoret. Hvis folkene selv kan styre den daglige flyten med prosesslederen som koordinator, skal man ikke forstyrre denne prosessen med byggemøtets formaliteter, pengesnakk og tilsvarende. Det bare ødelegger den gode stemningen i prosjektets hverdag.

Operasjoner

Operasjonene er så å si prosjektets maskinrom. Det er her arbeidet utføres av store gule maskiner og menn med hjelm og vernesko. Det er det vi alle mener med å bygge. Det er også her pengene forbrukes, og det er her vi gjerne ser den velsmurte, effektive prosessen. Men det er også her vi ofte begår den alvorligste feilen i organiseringen av prosjektet. Vi forsøker å spare penger!

Konkurransen har presset prisen, og ingen synes riktig å forstå at det ligger i prosjektets natur å bruke penger. Å bruke dem fornuftig, men på ingen måte å spare. Har vi i forbindelse med konkretiseringen av verdien funnet at det koster X millioner å realisere denne verdien, og vi har kommet frem til at dette er fornuftig, skal vi starte opp med bevisstheten om at arbeidene altså kommer til å koste disse X millionene. Og sånn er det. Målet er heretter å sikre at verdien oppnås og at det skjer innenfor budsjett- og tidsrammene. Fremdriften sikrer vi gjennom flyten, som samtidig også påvirker kostnadene positivt ved å redusere sløsingen, og da særlig sløsingen av tid.

Med andre ord skal vi søke den beste prosessen. Det vil si den mest pålitelige prosessen framfor den billigste!

Daglig og kontinuerlig, for til syvende og sist er det den effektive prosessen som viser seg å koste minst.

Har vi ikke råd, skal vi avholde oss fra i det hele tatt å begynne!

Dessverre legger vår praksis opp til å velge deltakere etter laveste pris, og med det kjøper vi selv våre prosjekters fiaskoer.

Laveste pris leder uunngåelig til upålitelighet!

Tilbyderne søker etter hullene i anbudsgrunnlaget, hvor de senere kan kreve tillegg, og de vinner på en pris som under alle omstendigheter belaster deres eget produksjonsapparat til det ytterste. Den utløser naturlig de ventetidene som ødelegger flyten og de andre deltakernes inntjening. Dette fører til nye krav og konflikter og dårlig stemning og så videre, der målet ellers var samarbeid og effektiv flyt.

Akk ja, vi kjøper våre egne problemer i prosjektet. Og vi betaler dyrt for dem!

Derfor er min innfallsvinkel, dersom den er mulig, å velge etter pålitelighet. Er det behov for en fastpris, vil jeg be om den og la den kontrolleres av en uavhengig rådgiver. Ikke som en alternativ prising, for en alternativ pris vekker mistillit. Deretter aksepterer vi dersom prisen er fair. Stemmer entreprenørens og rådgiverens priser ikke overens, er det som regel snakk om et avvik i vurderingen av oppgaven. Løsningen er så å finne avviket før kontrakten signeres.

Vi bygger ikke for å spare penger på andres feil. Prosjektets suksess ligger i tillit, pålitelighet, samarbeid og en fair inntjening for alle. Ingen er tjent med deltakere i prosjektet som taper penger fordi de har regnet feil.

Her ville jeg avsette en passende reserve, for det uforutsette hender, og det hender ganske ofte. Skjer det, ville jeg igjen være imøtekommende overfor tydelige regnefeil. Jeg skal nemlig ikke spare, men tvert imot bruke penger for å skape verdi og holde fast ved det gode samarbeidet.

Helt til budsjettgrensen, men absolutt ikke lenger. For deretter begynner jeg å tape verdi. Bruker jeg mer enn mitt budsjett, går det ut over andre aktiviteter i min portefølje.

Det er sjelden at jeg har sett denne åpenlyse asymmetrien i pris uttrykt klart, men det har skjedd. En innspart krone har sjelden nær den samme verdien som en unngått krone i overforbruk.

Kontraktsledelse

Kontraktsledelse vil jeg kalle ledelsen av trekantens tredje dimensjon, operasjonene. For det er jo det som er igjen av det tredje benet i trekanten når planleggingen av operasjonene er lagt ut i flytledelsen. Altså til dem med verneskoene på. Men de krevende oppgavene, som lett skygger for andre i sin sedvanlige tilgang til prosjektledelsen, må jo noen i sakens natur ta seg av. Min egen og andres opplevelse er likevel at denne oppgaven blir lettere hvis de to andre elementene fungerer. Men man kan aldri være helt sikker, selv om man har valgt sine deltakere på tillit og ikke på pris.

Det skal være ryddighet på avtalene, kvaliteten og budsjettet.

Helhet

Men hvem tar seg av helheten, vil noen sikkert spørre. Mitt enkle svar er at det gjør i sakens natur prosjektlederen selv. Det gjør han ved fra start å kartlegge prosjektet sammen med sine tre assisterende prosjektledere og konkretisere de oppgavene som hver for seg skal ivareta prosjektets ulike faser. Samtidig velges de metoder og verktøy som synes relevante underveis.

Det hele samles i en overordnet prosessplan som blir fundamentet for det daglige arbeidet. Planen lages sammen med alle deltakerne, og den oppdateres minst ved hver faseovergang, akkurat som den også justeres i lyset av de innhøstede erfaringene. Det er også her at det besluttes hvilke indikatorer man styre prosessen etter. PPU er nesten obligatorisk, men det finnes en lang rekke andre som hver for seg også sier noe om prosessens egen sunnhet.

Jeg har selv med hell brukt ryddighet på byggeplassen, antall hastesaker, sykefravær og antall prosjektavklaringer som uttrykk for de ulike strømmenes pålitelighet. På min egen liste er det flere enn 30, og den vokser stadig. Tilsvarende finnes det en lang rekke verktøy som kan tas i anvendelse etter behov. Men kun noen få skal benyttes samtidig. Eller enda bedre: La deltakerne selv velge ytterligere indikatorer, men maksimalt fire i tillegg til PPU. Til gjengjeld kan man skifte disse fire ut ved de regelmessige statusmøtene som avholdes med hele teamet, for ekesmpel hver tredje måned.

Ser man nærmere på Last Planner finner man den felles forpliktende prosessplanleggingen, Post-It planleggingen, som et sentralt element. Det verktøyet kan brukes stort sett over alt hvor planer skal avtales.

Et annet verktøy jeg med hell har brukt, er det umiddelbare møtereferatet. En assistent deltar i møtet og skriver referatet med en gang. Det vises foreksempel på en storskjerm, så alle kan følge med, og om nødvendig komme med innvendinger til. Her og nå. Det så å si tvinger beslutningene nedover i systemet, og man kan dermed ikke senere komme med innvendinger mot det avtalte. Referatet, som straks etter møtet sendes til alle deltakerne, blir med andre ord til en pålitelig avtale. Metoden kan overraske litt i starten, men med det rette samarbeidet vil alle raskt se fordelen. Slik har i hvert fall jeg opplevd det. Og gruppepresset vil ofte lukke munnen på den kverulanten som fra tid til annen deltar på møtet.

Det finnes tilstrekkelig med verktøy, så man må passe seg for ikke å velge for mange fra den rikholdige buffeten.

Og pålitelighet bør hele tiden være i sentrum, for det er her prosjektet svært ofte kjører av sporet.

1) http://www.leanconstruction.dk/bibliotek/trimmede-tanker/2012.aspx

2) Matiassen, Jakob (2011): BETON, Historier fra byggeplassen. Informasjons forlag, København K. ISBN 978 – 87 – 7514 – 3061.

3) Poulsen, Per Thygesen (1998): Sidste mann lukker og slutter – A/S Øresund avprøver fremtidens midlertidige virksomhet. Jyllands-Postens Erhvervsbøker.

4) Ballard, Glenn (1997): Lookahead Planning: the Missing Link in Production Control, IGLC-5, Gold Cost, Australia.

Det selvstendige prosjektet

Hvor jeg ser på hva de sosiale vitenskapene kan lære oss, og på krigskunsten

FORSTÅELSEN AV PROSJEKTET som et komplekst system på kanten til kaos, leder til en helt annerledes tilgang til dets organisering og ledelse. Fenomener som uforutsette og usannsynlige begivenheter, emergens og kaos, må forventes i det komplekse prosjektet. Det krever evne til å reagere raskt og ofte selvstendig eller i små grupper. Det kan ofte være grupper som oppstår situasjonsbetinget, noe som harmonerer dårlig med en toppstyrt prosjektledelse, rigide planer og prosedyrer.

I moderne krigsføring har man fra Vietnamkrigen og senere sett den overraskende kraften hvor man med små og samspillende, selvstendige grupper av partisaner har vært i stand til kjempe mot velorganiserte, velutrustede og på papiret langt mer overlegne tradisjonelle enheter under en sentral kommando. Det var det general McCrystal innså i Irak med sin «Team of Teams»-strategi.

Man har lært at planer i seg selv er intet men at planleggingen er alt. Planens verdi er at den blir lagt, og at oppgaven blir grundig gjennomarbeidet. Men når gjennomføringen først er påbegynt, er planen kun en beskrivelse av hva vi *burde gjøre*. Hva vi *vil gjøre* avhenger naturlig av hva vi *kan gjøre*, altså av den aktuelle situasjon, her og nå og på stedet.

Det blir med andre ord en pull prosess, hvor det er situasjonen her og nå som bestemmer hva som kommer til å skje: Det er en situasjon hvor prosessen selv må trekke de nødvendige forutsetningene på plass. Det vil si en pull-logistikk i motsetning til den tradisjonelle push-logistikken, som jo styrer helt rigid etter det som planen bestemmer.

I et komplekst system hvor planer ikke holder fordi de ikke kan holde, er en push-styring selvsagt uhensiktsmessig fordi alt for mye umulig uunngåelig vil bli satt i gang. Krigshistorien er rik på den slags katastrofer, og i boken BETON er det tilsvarende eksempler på slike hendelser i byggingens hverdag.

Pull-styring krever på den annen side at mannen på stedet er pålitelig og selv kan vurdere situasjonen, herunder hvilke ytterligere forutsetninger som må på plass før oppgaven kan påbegynnes.

The Last Planner, den siste planleggeren, mannen på stedet, blir plutselig nøkkelpersonen i ledelsen av det komplekse prosjektet, og alle andres roller blir å støtte disse sisteplanleggerne med de forutsetningene de forventer for å sikre sunne oppgaver, herunder informasjon, materialer, ressurser, utstyr osv. Men det er den siste planleggeren som sier OK og legger oppgaven inn i planen for neste uke, og det er han som eventuelt tar den ut igjen på det daglige morgenmøtet hvis den likevel ikke er sunn.

Last Planner ennå en gang

Jeg har igjen og igjen referert til, og nettopp gjennomgått Last Planner, som med rette oppfattes som et av de sentrale elementene i Lean Construction. Last Planner er en genial oversettelse av det komplekse prosjektets behov for pull-styring av flyten til prosjektets praktiske hverdag, og det virker. Derfor bruker jeg metoden en gang til som min innfallsvinkel til det jeg kaller det selvstendige prosjektet.

Da jeg møtte Last Planner første gang, var det egentlig ikke noe nytt for meg. Dels hadde vi arbeidet med de samme prinsippene i Byggelogistikk, dels kjente jeg hele tenkningen fra mange års prosjekter på Grønland hvor utfordringen hadde vært den samme: Planer holder ikke, det uventede skjer og la mannen på stedet vurdere situasjonen og handle.

Det krevde at man hadde valgt den rette mannen, og det var en betingelse man aksepterte i hele systemet. Senere fikk vi bedre kommunikasjonsforbindelser, og tilliten til mannen på stedet avtok i betydning mens krav om rapportering økte. Fjernstyringen begynte å ta over, men komplekse systemer må nå altså ledes på stedet hvis prosessen skal bevares laminær og flyten ikke skal springe over i den turbulente, kaotiske tilstanden.

Det er imidlertid først mens jeg skriver disse essayene at det for alvor har gått opp for meg at Last Planner ikke er en metode eller et verktøy, men i bunn og grunn en livsoppfatning. På dansk er begrepet den siste planleggeren kanskje vanskelig å forstå. Selv på engelsk tror jeg ikke at det står klart for de fleste hva som egentlig menes, for ikke å si hvordan prinsippet bør utfoldes i hverdagen.

Men egentlig er metoden logisk i prosjektets uforutsigelige univers. Det er mannen på stedet som har den beste forståelsen av situasjonen. Kanskje mangler han deler av oversikten, men da må man heller støtte ham til en bedre oversikt og la ham handle, enn selv å forsøke å handle uten detaljert kunnskap til situasjonen på stedet.

Det var akkurat det general McCrystal innså i sin «Team of Teams»-strategi, og som det amerikanske forsvarsdepartementet under sitt «Command and Control Research Program» med David S. Alberts og Richard E. Hyes som forfattere har beskrevet i boken *Power to the Edge, Command... Control... in the Information Age.*»[1]

Det er prosessen selv som utspiller seg, akkurat som treet som gror, og som ledere kan vi kun regulere omgivelsene og styre logistikken, altså strømmen av forutsetninger. Gjelder det treet, snakker vi om vann, gjødsel, plass, lys og luft, mens vi i prosjektet snakker om de syv forutsetningene: Foregående arbeider, plass, informasjon, mannskap, utstyr, materialer og ytre forhold. Først når alle forutsetningene er på plass vokser treet. Og prosessen går fremover.

La meg med dette i bakhodet repetere metoden bak Last Planner, men denne gangen rette oppmerksomheten mot delegeringen. Mot det selvstendige prosjektet.

Mannen på stedet

Det er i hverdagen det hele skjer. Det er her folkene skaper verdien ved å bygge hus eller skip eller programmer eller hva det nå dreier seg om i prosjektet. Det er her selvstendigheten kommer inn for første gang. I hvert fall i den danske bygge-prosessen. Håndverkeren vet godt hvordan et stykke arbeid skal utføres, og nesten alle de håndverkerne jeg har møtt, har også vært interessert i å utføre et godt håndverk. Ikke rent få har vært stolte av det de overleverte til meg.

Å delegere er å vise tillit, og det belønnes etter min erfaring med en ekstra interesse for oppgaven. Nå er det ikke lenger noe noen har sagt at man skal gjøre, som for eksempel å grave denne åndssvake grøften. Nå er det et ansvar å få plassert denne brønnen og få koblet den til kloakken så spillvannet kan føres bort. Oppgaven får mening, og mannen på stedet får et ansvar. Det er en person som venter på å overta det ferdige arbeidet i den videre prosessen.

Mannen er ikke lenger noen, et usynlig individ, han er blitt en medarbeider. En som stadig har sin rolle i prosjektet og også i resten av systemet. Hans faglige kompetense kommer i spill, og ofte blomstrer han opp. Jeg har selv opplevd det mange ganger når jeg i hverdagen tok meg tid til å forklare hvorfor og deretter overlot hvordan til min medarbeider.

Min sekretær for mange år siden minnes stadig, når vi av

og til møtes i Netto, hvordan jeg overlot hele operasjonen av vårt «merkantile» – vårt skrivearbeid, arkiveringen, innkjøp og alt det øvrige praktiske – til henne med noen få ord om hva som var viktig.

Jeg husker det samtidig som noe som bare virket. Vi fikk alltid rapporter og andre dokumenter ut i god tid, og tidligere notater kunne alltid gjenfinnes, uten IT men med de primitive systemene vi den gangen gradvis fikk innført.

Jeg skjønner det ikke riktig, men ingen synes å forstå dette i byggeprosessen. Man ansetter den billigste arbeidskraften i stedet for den beste. Kanskje er mannen billig, når han bare skal grave, men når grøfta er i ferd med å rase sammen, eller oppgavene er farlige, så fortsetter han bare ufortrødent videre. Og dermed kommer problemene.

Finn derimot den «riktige» og gjør ham til medarbeider i stedet for arbeider. Inkluder ham, gi ham ansvar og stimuler ham til komme med forslag til forbedringer, som du selvfølgelig skal motta konstruktivt. *Kai Zen* heter det i ledelses-terminologien med et fint ord fra Toyota, men på alminnelig dansk og med vernesko på så heter det hos meg: Hva tenker du?

Da er vi på samme nivå nede i grøfta. Karl får plutselig lov til å uttrykke sin mening om all skiten, uten han må rengjøre arbeidsstøvlene, stille dem på brakka og liste seg inn på kontoret på strømpelesten med hjelmen i hånden.

Karl er med ett blitt en medarbeider!

Ukeplanen

I prosjektet er det altså mannen på stedet som selv vurderer situasjonen. Han inkluderer ikke en eneste oppgave i sin ukeplan hvis ikke oppgaven er sunn, altså hvis ikke alle de syv forutsetningene er oppfylt. En usunn oppgave vil være upålitelig, og den vil derfor bremse flyten i prosessen, hvor det nettopp er pålitelighet som skal ha fokus. Vel å merke pålitelighet med hensyn til det ferdige resultatet av hver enkelt oppgave til det neste leddet i kjeden.

Ukeplanen avtales på lagnivå ukentlig, og den avtales for den kommende uken. Men det ses også ytterligere en uke frem, for dels å konstatere at det er sunne oppgaver, dels å sikre at det er noe å gjøre for alle deltakerne, altså at det blir frigitt nye oppgaver.

I de beste av mine prosjekter har jeg opplevd at to eller tre baser kom til møtet med en plan for den etasjen hvor de arbeidet og sa at slik og sånn gjør vi neste uke, og dermed var den delen av planen på plass. Hva annet enn fint kunne vi si, vi som bare skulle lede?

Det er altså her, vil-elementet kommer inn.

Ukeplanen sjekkes på et kort møte hver morgen, hvor dagens oppgaver bekreftes og praktiske detaljer avtales.

Planens pålitelighet konstateres ved hjelp av den svært enkle indikatoren PPU, Prosent av det Planlagte som ble Utført. PPU er således et mål for hvor mange av de oppgavene som skulle ha vært avsluttet, som rent faktisk også ble det. I og med at det dreier seg om pålitelighet i overleveringen, finnes det kun to svar: Ja eller Nej. Og med ferdig menes helt ferdig, godkjent og akseptert av de fagene som skal overta resultatet ut fra kriteriene at det skal være ryddet opp, overskudds-materialer og avfall er fjernet og på enhver måte klar, så det neste faget uhindret kan gå i gang. PPU uttrykker påli-teligheten. Oppgaver som ikke ble ferdige, peker på de svake leddene i flyten, spesielt hvis det skjer avvik på det samme stedet om og om igjen. Da må det tas aksjon med det samme, så påliteligheten kan økes gjennom hele prosjektet. Normalt tilstreber jeg ikke 100%, fordi man kan oppnå det ved å un-derbelaste kapasiteten, men 80-90% så de svakeste leddene avsløres og kan styrkes.

PPU er altså vurderingen av er skjedd-elementet, og får man tilrettelagt for det rette samarbeidet, går det ofte sport i å overholde planen.

På et renoveringsprosjekt i Eskildsgade på Vesterbro hadde vi arrangert et slags reisegilde en fredag ettermiddag med øl og pølser. Nesten alle var møtt frem, men ikke malerne, og det undret jeg meg over.

Jeg klatret opp til femte etasje hvor alle mann stod og malte for harde livet, og minnet dem på at alle vi andre satt nede på brakka og savnet dem. «Nei», sa de, «vi har lovet i ukeplanen at vi skal være ferdige med disse leilighetene i dag. Det må vi overholde.» Selv ikke mine argumenter om at det jo ikke var noen som skulle overta etter dem mandag morgen, kunne lokke dem med ned til brakkeriggen.

De hadde lovet noe, og det skulle de tamegfaen også holde!

Periodeplanen

Mens dagsplanen og ukeplanen som regel er ganske enkle å få satt i gang, er Look Ahead, altså 3-ukersplanen eller periodeplanen, ofte vanskeligere, for her beveger vi oss inn på «hellig» territorium.

The Last Planners overtar nemlig mye av den daglige arbeidsplanleggingen fra de ofte travle og stressede anleggslederne. Disse dyktige folkene får dermed frigjort tid, som de kan anvende på å gjøre kommende oppgaver sunne, typisk tre til fem uker frem i tid.

Men ofte føler de seg plutselig overflødige. Her har de nærmest vært halvguder og helter, rast rundt med mobilen til øret, fektende med armer og bein og «slukket branner», og så er det plutselig blitt ro i prosjektet. Ting bare går av seg selv.

Men ta det rolig, det er oppgaver nok. Nå er det ikke lenger operasjonene men logistikken som er blitt nøkkelordet for dem.

Jeg husker sjokket jeg fikk ved et møte med toppledelsen på et stort skipsverft hvor jeg presenterte konseptet, og økonomidirektøren omgående konstaterte at nå kunne de jo rasjonalisere bort 25 mellomledere.

Det tok meg en kopp kaffe og tre dype innåndinger før jeg samlet meg og sa at det kunne han på ingen måte. Disse erfarne personene ble ikke overflødige. De skulle i stedet lære å rette blikket fremover i flyten og skape pålitelighet.

Det kan ikke være riktig at dere bare tre dager før den avtalte leveransen av en hjelpemotor får vite at den dessverre er tre uker forsinket, sa jeg. Bruk da heller noen av disse erfarne formennene til å holde øye med deres underleverandørers pålitelighet og la dem eventuelt hjelpe disse leverandørene til å bli mere pålitelige. Det er slik Toyota gjør.

Der var en underlig taushet rundt bordet. Skal vi hjelpe våre leverandører til å effektivisere, spurte de, og jeg måtte si: Ja, hvis det øker deres egen pålitelighet!

I byggingens alminnelige hverdag skaper man denne påliteligheten på de ukentlige periodeplanmøtene. Her møtes alle basene, eller hva de kalles nå for tiden, og avtaler hvem som sikrer hvilke av de syv forutsetningene til hver enkelt kommende oppgave. Også her holdes det øye med påliteligheten ved hjelp av PPU. En pålitelig flyt av arbeid forutsetter pålitelighet i all flyt av forutsetningene, så her tilstrebes det 100% PPU.

Samtidig er det på dette møtet man vurderer prosessen sett under ett og hvor man befinner seg i forhold til den overordnede fremdriften. Ligger man etter i fremdriften, kan det kun skyldes en flaskehals i en av de syv forutsetningene. Akkurat som når treet ikke vil vokse. Da blir oppgaven altså å finne flaskehalsen og å iverksette mottiltak. Er det flyten av informasjon som er problemet, hjelper det jo ikke å sette på flere folk, noe man ellers ofte opplever. Det øker bare kostnadene og skaper med tiden ytterligere plassproblemer.

Periodeplanleggingen er altså en ytterst viktig funksjon som nå takles med utgangspunkt i en solid forståelse av prosjektet som en prosess, hvor styring av flyt er det vesentlige.

Periodeplanen ivaretar dermed kan-elementet.

For de deltakende basene skjer det ofte flere ting. Dels slapper de mer av og får mer tid til familien. Dels lærer de virkelig å se fremover og ligge i forkant av mulige problemer.

Tidshorisonten for denne planleggingen avhenger natur-
ligvis av prosjektets natur, og i flere år mente jeg også av dets
størrelse. Ombygging av bad 2 uker. En ny carport med red-
skapsrom 3 uker. Et nytt eldresenter 4 uker. Et supersykehus
eller en konsertsal 5 uker. Høres ikke det logisk ut?

Men i dag tror jeg ikke at det forholder seg slik. At prosjek-
tet er større krever ikke nødvendigvis en lengre tidshorisont i
logistikken. Det kan være flyt med lange leveringstider, og de
må følges separat, men jeg blir mer og mer overbevist om at 3
eller høyst 4 uker bør være hovedregelen.

Prosessplanen

Hele denne gjennomføringen av prosjektet kan selvsagt ikke
skje uten en overordnet plan. Den kaller vi for prosessplanen,
idet den kartlegger den beste prosessen for alle involverte.
Den lages ved starten av hver fase i et samarbeid mellom
deltakernes formenn og baser. Her planlegger de i fellesskap
prosessen og finner den beste veien gjennom grensesnittene
og overgangene, med rimelig hensyn til alles interesser og
med respekt for hovedfremdriftens frister og milepæler.

Planen lages ofte ved en pull-planlegging. Man starter
med sluttresultatet og arbeider seg gradvis bakover gjennom
forutsetningene. Det skjer i fellesskap i form av en Post-It
planlegging. Sammen går partene gjennom prosessen ved
å sette Post-It lapper, som hver representerer en aktivitet
med hvert fags farve, opp i rett rekkefølge på en vegg eller en
tavle. Dette tydeliggjør forutsetningene og gjensidige avhen-
gigheter.

Prosessplanen uttrykker dermed bør-elementet i Last
Planner.

Igjen er det delegeringen som er fremtredende. Det er
de utførende selv som avtaler den beste prosessen, ikke
ledelsen. Kanskje er det ikke den absolutt beste prosessen
som blir avtalt, det vet man sjelden før i ettertid. Men når
håndverkerne på egen hånd har drøftet seg gjennom og gitt
hverandre hånden på en omforent prosess, så er den tameg-

faen også den beste. Den blir deretter også som regel levert.

Og enda viktigere, man eier selv prosessen og kan med rette foreslå forbedringer. Noe som nesten alltid skjer.

Og tenk: Arbeidsgleden vokser, og antallet ulykker faller markant. Det er nødt til å bli en suksess. Det er nemlig skapt pålitelighet i flyten.

Skap pålitelighet

Prosjektets prosess er resultatet av en kompleks og dynamisk flyt med risiko for turbulens og dermed kaos. En detaljert styring top down ligger i praksis utenfor våre muligheter. Som ledere har vi derfor bare mulighet å skape pålitelighet og spre informasjon, og deretter å delegere og bygge på tillit.

Stalin sa som bekjent at tillit er bra, men kontroll er bedre. Professor i statsvitenskap og tillit, Gert Tinggaard Svendsen, har snudd om på det og sagt: Kontroll er bra, men tillit er billigere. Tillit er den skjulte kilden til de skandinaviske stammenes rikdom, argumenterer han, for tillit generer tillit, initiativ, oppfinnsomhet og villighet til å yte. Produktiviteten og kvaliteten av arbeidet blir høyere når virksomheten viser tillit til de ansatte. Mennesker som vises tillit, presterer simpelthen bedre og er mer tilfredse.

Her har vi altså en gratis ressurs som bare venter på å bli sluppet fri. Det eneste den koster er: Tillit!

Tillit er også en kapital som man kan benytte seg av når det uventede inntreffer. Og det inntreffer garantert, fordi det i produksjonens økonomi ligger et insitament til å øke hastigheten. Det presser produksjonen til kanten av kaos, hvor selv små forstyrrelser kan utløse den fatale overgangen fra laminær til turbulent flyt og kaos.

Prosjektets evige trekant, kampen mellom verdi, tid og økonomi, rommer således latent risiko for kaos. Sånn må det være når alle de tre dimensjonene skal eksistere i balanse, og vår håndtering av denne situasjonen burde avveie risikoen gjennom tillit og pålitelighet.

Vår tradisjonelle behandling av de tre dimensjonene i

prosjektets hverdag bygger imidlertid ikke på å skape tillit, men tvert i mot på en forventning om konflikt. Vi velger deltakere enten etter laveste pris eller beste utseende. Det er som i tidligere tiders ekteskap, hvor det var den største medgiften eller den høyeste prestisjen som talte, mer enn stillferdig kjærlighet. Vi kaster oss ut i komplekse, risikofylte prosjekter sammen med deltakere som er livsviktige for vår suksess, men som vi velger etter laveste pris.

Jeg vet ikke hvordan Knut Rasmussen valgte deltakere til sine Thule ekspedisjoner i begynnelsen av 1900-tallet. Det skriver han ikke om i sine erindringer, men det var neppe i henhold til laveste pris. Fem mann og seksti hunder dro av sted fra Thule ut i ødemarken nord for Grønland. De reiste uten tilstrekkelig mat til hverken menn eller hunder for hele reisen, men med tillit til at man sammen ville skaffe næring underveis i form av moskusokser, reinsdyr, seler og andre byttedyr. Med sitt eget og de andres liv som innsats.

Mon tro om ikke tillit var vektet høyt i valget av deltakere og ikke minst troen på deltakernes pålitelighet. Spesielt når det uventede skjedde, som det gjorde igjen og igjen.

Det samme burde vel også gjelde for alle andre prosjekter. Hvor sedvanlige og rutinemessige de enn virker, inneholder de alltid en risiko for det uventede. Det krever umiddelbar handling på stedet. Som da Sonja for en time siden plutselig oppdaget at majonesen hun var i ferd med å lage, begynte å skille seg. Jeg ville selv ha fått panikk og slått opp i koke-bøkene, men hun helte bare litt vann i skålen og majonesen samlet seg igjen. Pålitelighet og kunnskap om å håndtere kritiske situasjoner uten ordrer fra oven får systemet til å fungere.

Det er den robustheten som det komplekse prosjekt for-venter. Avklarte roller, klare felles suksesskriterier, forståelse for situasjonen og evne til å handle spontant med det som kreves. Last Planner!

Last Planner er for meg blitt uttrykk for den livs- og ledelsesfilosofien jeg selv er oppdratt med: Skap pålitelighet i din organisasjon. Gjør den enkel, vis tillit, del all informasjon og deleger.

Deltakerne i prosjektet kan som regel mye mer enn du aner, og kan du få dem til å synes at det er gøy å være med, så er du nesten i havn.

Som ung ingeniør hadde jeg ansvar for utbyggingen av de grønlandske oljelagrene, som jeg selv også hadde prosjektert. På en tilsynsreise til det som den gang het Jakobshavn, og idag Ilulissat, konstaterte jeg at ledningene var blitt forvekslet i en pumpestasjon. De kom riktig plassert langs en fjellside, den ene ledningen over den andre. Bensin øverst, parafin i midten og oljen nederst. Rørene var ennå ikke blitt malt, så det var utfordrende å følge dem der de forsvant ned gjennom filtre og pumper og målere og så dukket opp igjen. Men forvekslet var de altså blitt. Nå var oljen øverst og bensinen nederst. Det gjorde for så vidt ikke så mye, men vi var veldig strenge med at ledningene alltid kom i den samme rekkefølgen for å unngå feilbetjening i vintermørket.

Jeg fant rørleggerformannen og gjorde ham oppmerksom på problemet. Det var en stor og kraftig mann. Han glodde ned på meg og sa at de var faentameg ikke blitt forvekslet. Han hadde vært rørlegger i tyve år, og den slags feil gjorde han bare ikke. Jeg hadde truffet ham året før, så jeg sa bare stillferdig: «Enogtyve!»

«Hva?» sa han. Jo, sist år sa du tyve år, så nå må det ha blitt enogtyve. Svennene omkring ham begynte å fnise, og jeg ventet spent på om det ville komme et riktig raseriutbrudd. Men så smilte han bredt, og da jeg deretter tilbød meg å vedde en kasse øl på at jeg hadde rett, gikk vi ned og så på det. Jeg husker ennå hans ansiktsuttrykk da han tok tak i bensinrøret og fulgte det gjennom sløyfene og plutselig forsto hvor det ville ende.

Ølen drakk vi i fellesskap frilørdagen etter, og jeg var med på å betale. Men det skapte et rørteam som de følgende årene var lojalt og hjelpsomt langt over alle grenser.

De prosjektene vi gjennomførte i den perioden, fra Nanor-talik i sør til Upernavik i nord, ble en stor suksess. Det lyktes oss å skape glede ved å delta og bli behandlet rettferdig.

Klienten, overingeniør Bøgekjær ved Grønlands Tekniske Organisation, hadde også bidratt med sitt. Etter en anbuds-runde hadde jeg påpekt en regnefeil i det vinnende tilbudet. Prisen skulle strengt etter tilbudsbetingelsene ha vært lavere. Men Bøgekjær hadde irettesatt meg, og regnefeilen var i det etterfølgende ikke blitt vurdert nærmere.

«De må forstå, ingeniør Bertelsen, at vi skal bygge oljelagre over mange år. Vi er derfor avhengige av våre erfarne entre-prenører. Behandler vi dem ikke ordentlig, behøver de ikke våre prosjekter. Og da er det vi som har tapt!»

Visdom, og det med statens penger og med en riksrevi-sjon i bakgrunnen.

Samarbeid og egeninteresse

Vi passerte for litt siden 70-års dagen for avslutningen av den andre verdenskrigen. Vi har siden den gangen ikke hatt en egentlig væpnet konflikt mellom landene i Vesteuropa eller i Nordamerika, selv om vi har vært involveret i alt for mange kriger andre steder i verden.

Samtidig har vi opplevd en historisk sett uhørt vekst i velstand, og i Nordeuropa også i velferd. For meg som har opplevd disse 70 årene, er og blir fred og samarbeid nøkkelen til denne suksessen, med samarbeid og fredelig konkurranse.

I begynnelsen av 1990-tallet hadde NIRAS en del prosjek-ter i det tidligere Østeuropa. Jeg beskjeftiget meg spesielt med prosjekter i det nordlige Russland. Her gjaldt den tidligere kommunistiske tenkningen, at man ikke lurte hverandre. Vi er jo alle like, het det. Men det ble jukset over en lav sko.

Jeg er ikke kyndig på dette området, men jeg fornemmer igjen et slags Reynolds tall. Det finnes krefter som får oss til å holde igjen og samarbeide, og det finnes krefter som driver oss fremover grunnet våre egeninteresser.

Budskapet «Frihet, likhet og brorskap» fra den franske re-

volusjonen er en selvmotsigelse, sa en av mine gode kollega-
er. Frihet fører jo til konkurranse, mens brorskap leder til
samarbeid. Han hadde jo rett, for som alltid er det en balanse
mellom de drivende og de bremsende kreftene.

Jeg tror vi vil finne den samme balansen i alle sosiale
systemer, enten det er i bikuber og maurtuer eller for fisk,
fugler, dyr og mennesker.

Prosjektet er et systemenes system

La meg før jeg vender tilbake til prosjektet, igjen ta veien om
maurtuene og bli klokere, som det står i det Gamle Testa-
mentet. Mange av oss ser på maur som en samling små ir-
riterende vesener som plager oss ved blant annet å invadere
syltetøyglasset. I virkeligheten er tuen et system av systemer.
Den enkelte mauren kan synes alene, men går vi tettere på,
så finner vi et system.

Maur, og kanskje spesielt termitter, lever som kjent av
å gnage av treverk. Dels for å skaffe materiale til sine fant-
astiske byggverk, dels som føde. Men den enkelte, sultne
termitten kan ikke selv fordøye cellulosen som den finner i
tremassen. Derfor har den i sin magesekk en tarmflora av
encellede mikrober som bryter ned cellulosen.

Nå har det seg slik at heller ikke de nyttige mikrobene er
fullkomne. De kan for eksempel ikke selv bevege seg rundt. I
stedet har de alliert seg med cirka en halv million bakterier
som sitter på deres ytterside og flimrer med halen. Med 500.000
små motorer blir mikrobene derimot ganske beveglige.

Disse nyttige mikrobene må imidlertid også ha energi, og
her har de derfor alliert seg med en annen type bakterier.
Disse leverer den nødvendige energien mot betaling i form
av en konstant tilgang på mat fra maurens gnaging via dens
mikrober i magen.

Vi har fått et system av systemer på skogbunnen.[2]

Prosjektet er akkurat som en maurtue, et systemenes sys-
tem. Et system av levende systemer. Prosjektet er nemlig et
levende system, et slags kunstig liv som eksisterer sammen

med andre prosjekter i en verden av «kunder». Kunder som har bruk for prosjektets output som del av andre prosjekter eller produksjoner i et komplekst samspill. Innad er prosjektet også selv et komplekst system. Det er bygget opp av agenter og relasjoner, med prosjektdeltakerne som agenter i neste team og deretter deres avdelinger, grupper eller lag, de enkelte medarbeiderne og ... På en måte kan vi snakke om en blanding av naturlig og kunstig liv.

Det engelske Tavistock Institute åpnet i 1966 for første gang dette universet vitenskapelig i en antropologisk undersøkelse av byggeplassens samarbeid.[3]

Man nådde ikke helt til bunns i undersøkelsen, men man fant likevel at det i hverdagen i prinsippet eksisterer fem nivåer i organisasjonen. Det er bare de tre øverste nivåene som fremgår av prosjektets organisasjonsplan.

Til gjengjeld er det de to nederste nivåene som får prosjektet til å fungere i hverdagen!

Der er altså noe som vi ennå ikke helt har forstått. Så la meg gå et skritt videre.

Den sosiale logistikken

Min gode venn og kollega Sigmund Aslesen fra entreprenørfirmaet Veidekke i Norge har introdusert begrepet «Den sosiale logistikken» for å beskrive hvordan man kan skape harmoni og sameksistens i et prosjekt.

Her kommer også begrepet «common mindset», altså felles forståelse, inn som noe vesentlig i samarbeidet. Det vokser gradvis frem i prosjektets hverdag, hvis alt ellers fungerer godt, men som vi straks river bort når prosjektet er ferdig. Sigmund og jeg lærte hverandre riktig godt å kjenne da vi for omtrent ti år siden utviklet konseptet *Lean Shipbuilding* til verft på vestlandet i Norge. Sigmund er sosiolog, men han fanget straks idéen, og sammen oppnådde vi forbløffende produktivitetsforbedringer i de praktiske forsøkene.

Det finnes som kjent en hel bransje som lever av å hjelpe

til med å lage en felles forståelse. I utgangspunktet er jeg skeptisk overfor alle disse konsulentene. Kanskje er jeg for gammel. Eller rettere sagt; jeg er for gammel. Men jeg har i mange år vært i tvil når jeg møtte disse menneskene og deres øvelser. Andre mener sikkert noe annet. På samme måte som forelskelse ikke er noe man lærer, så er det nå en gang i hverdagen at samarbeid må skapes.

Sigmund er ikke et slikt engangstilfelle. Han er en prak-tiker. Han er fotballtrener på fritiden og svært engasjert i klubbens ungdomsarbeid. Han er også flink til å slappe av og kunne ta seg en øl etter de lange dagene på verftet. Dessuten forstår han alle de norske dialektene som snakkes av de ansatte. Her må jeg forresten unnskylde min egen «norske dialekt», den som kalles dansk.

Etter at jeg hadde vist Sigmund problemene ute på verftet, fant han raskt ut at folkene selv må oppdage sløsingen og foreslå forbedringer. Dette er langt mer effektfullt enn enkle sirkeløvelser og annen skolepedagogikk.

Plutselig skjedde det som bør skje. Samarbeidet ble bedre, produktiviteten steg og sløsingen falt. Etter få uker var man til alles forbløffelse plutselig foran på fremdriftsplanen. Man hadde som regel vært etter og måtte bruke mange penger på å forsere arbeidet for å nå ferdigstillelsesdatoen. Dette i et overopphetet marked hvor forsinkede underleverandører var et typisk problem.

Vi hadde kun sett på flyten, og det var her vi satte inn våre krefter. Senere fikk vi vite at inntjeningen plutselig steg til himmels. Pengene bare strømmet inn fordi sløsingen, og dermed kostnadene, ble redusert. De utgiftene som vi introduserte, hadde vært minimale: Det var våre honorarer, lønnen til prosesslederen verftet hadde utpekt (han hadde arbeidet der siden tidligere og var ansvarlig for fremdriften, men ble nå omplassert) og så noen mindre utgifter til in-troduksjonsmøter og fysiske småforbedringer, som leie av en byggeplassheis.

Alle var forbløffet.

Et sidesprang til krigskunsten

Et fag som vi prosjektledere sjelden studerer nærmere, er krigskunsten. Krig er, ved siden av bygging, trolig blant verdens eldste prosjektproduksjoner. Det finnes tallrike studier av krigens vesen og tanker om dens ledelse. Ordtaket «Ingen plan, så detaljert den enn er, holder lenger enn til det første møtet med fienden» kan høres kjent ut, og det har vært kjent i krigskunsten i århundreder. Noen tilskriver ordtaket Kong Fuzi (551 – 471 f.Kr.). Andre hevder at det kan tilskrives Bismarcks generalfeltmarskalk Helmuth Karl Bernhard Graf von Moltke (1800 – 1891), altså han som vant krigen i 1864. Atter andre mener at ordtaket kan tilskrives general Dwight D. Eisenhower (1890 – 1969), om enn med formuleringen «Planer er intet, planlegging er alt».

Den amerikanske generalen Stanley McCrystal utga sammen med noen av sine kollegaer i 2015 boken «Team of Teams». Den inneholder en overveldende ny forståelse av prosjektet og dets ledelse i en kompleks og dynamisk verden.[4]

McCrystals bakgrunn er ledelsen av de amerikanske styrkene i Irak etter Irakkrigens avslutning, hvor kampen mot den irakiske grenen av Al Qaida kom i sentrum. Her kjempet verdens sterkeste hær, trent i det 20. århundredets krig, mot en annerledes hær. Denne annerledes hæren kjempet det 21. århundredets krig, og de var nær ved å vinne. I løpet av sin kommando endret McCrystal hele tenkningen til en «Power to the Edge». Det innebar delegerte, operative beslutninger og fri adgang til all informasjon.

Det første skrittet på veien til en slik felles forståelse, et «common mindset», er etter min egen erfaring å snakke pent med hverandre og å lære å si unnskyld. Dernest skal man delegere så mye som mulig og ha tillit til mannen på stedet. Og endelig må man akseptere feil, og bruke dem til å lære av i stedet for å henge ut synderne. Det handler om å skape en pålitelig samarbeidsprosess uten misforståelser.

Det siste er kanskje også verd å reflektere over. En felles forståelse skapes ikke ved å dosere, men ved å samarbeide og synkronisere tenkningen i hverdagen. Det å lære hverandres ansiktsuttrykk og kroppsholdninger å kjenne, så vi i felleskap tenker på samme måte.

Hal Macomber, en amerikansk ledelseskonsulent, introduserte denne metoden for meg for mange år siden: «Making and keeping reliable promises», altså å gi og holde pålitelige løfter. Hans idé er enkel og logisk, og jeg har benyttet den om og om igjen.

Hans tanke er at løfter er mer forpliktende enn ordrer. Løfter må gis i en dialog mellom likemenn, altså i et samarbeid. Han har også en oppskrift for denne dialogen: Jeg kommer med en anmodning. Du foreslår et tilbud. Jeg aksepterer eller forkaster. Deretter melder du klart og tydelig tilbake, både når oppgaven er løst eller når den ikke kan løses som avtalt. Altså:

- Vi må heve stillaset en halv etasje, så vinduene kan
  monteres. *(anmodning)*
- Det kan vi utføre på mandag. *(tilbud)*
- Blir dere helt ferdige mandag, også med heisen? *(avklaring)*
- Tja, men i hvert fall til tirsdag kl. 12. *(utdypning)*
- Da har vi en avtale! Og du, tømrer, kan begynne tirsdag kl. 12.
  (aksept)

Her kan dialogen for eksempel fortsette med tømreren om når han kan frigi sitt ferdige arbeid til maleren som følger etter. Og når det neste leddet i prosessen, for eksempel byggeledelsen, kan gjennomføre sin ferdigbefaring.

Det er skapt en avtale mellom likemenn, ikke en ordre. Man skal gjøre alt man kan for å overholde en avtale, spesielt når man er en faglært håndverker. Man har vel sin stolthet!

For noen år siden skulle vi renovere taktekkingen på 70-talls bygget hvor jeg selv bor. Av mange grunner var det blitt for sent for sesongen. Prosjektering og godkjennelser hadde trukket ut, og vi var kommet mot slutten av høsten når vi omsider kom i gang. Tåpelig tid å starte på, sett fra alle synsvinkler. Taket var altså utett, og vannet dryppet ned i leilighetene i øverste etasje. Det var et valg mellom pest og kolera. Vi hadde ikke innhentet tilbud, men spurt vårt sedvanlige takfirma om deres mening. De hadde utført tidligere utbedringer. Samtidig hadde vi en rådgivende ingeniør med på laget, med taktekking, muggsopp og den slags som spesialfelt. Sammen fant vi den beste løsningen rent teknisk. Løsningen beregnet taktekkeren en pris på. Vår rådgiver sjekket prisen, og han fant at den var fair. Jeg anslo et beløp for de uforutsette utgiftene, en reserve. Jeg visste jo at de ville komme. Generalforsamlingen aksepterte etter endel debatt. Skal vi ikke ha et alternativt tilbud, het det. Men nej, sa jeg, taktekking og tannlegebehandling er i samme kategori. Vi må ha håndverk som holder.

Vi ga hverandre hånden og gikk i gang.

Underveis hadde vi selvfølgelig også drøftet årstiden. I avtalen inngikk, underforstått, at det ikke skulle bygges når det regnet og at taket daglig skulle være tett ved arbeidsdagen slutt.

Prosjektet ble påbegynt midt i november, og det ble tatt tak i med brask og bram. Det ble stilt opp noen brakker i gården, og vi opprettet også en varmestue i heishallen utenfor vår egen hoveddør. Her sørget vår 95-årige nabo Gerda for morgenkaffen, og borettslaget bød på cola eller vann til lunsj.

Jeg bodde selv like ved siden av, men jeg blandet meg prinsipielt ikke inn i prosessene. Det var vår rådgiver som førte det daglige tilsynet. Jeg var jo der likevel hele tiden. De viste godt at de bygget for Gerda, Sven og Sonja.

De uforutsette problemene begynte naturligvis nesten med en gang. Her sto jeg som byggherre parat med penger i budsjettet. Var kravene berettiget, ble de utbetalt med en gang. Og tro meg eller ei: De kravene som kom, var berettigede. Vi snakket derfor ikke mye om penger, men vi konsentrerte oss om selve prosessen.

Prinsippet for avtalen var at man område for område på taket skulle plukke bort det gamle og utette belegget, helt inn til betongkonstruksjonen, og at man deretter skulle jevne ut fordypningene med flytende asfalt (bitumen). Til slutt skulle man legge på tjærepappen, slik at taket var tett igjen ved arbeidsdagens slutt. Det var egentlig en fin rytme. I sitt overmot tok folkene litt raskere fatt i arbeidet den første morgenen og åpnet for mye tak.

Hoppsan! Utpå ettermiddagen oppdaget de at det visst kom til å knipe med tiden før arbeidsdagen var ferdig. Da ble det sendt beskjed om å få tilsendt belysning og ekstra oppvarming. Pizzaer ble bestilt, og man arbeidet videre. Først nærmere midnatt var man klar, og mannskapene kunne slitne reise hjem. Men taket var tett, og «byggherren», det vil si meg selv som hadde fulgt forløpet med spenning, var superfornøyd.

Halvveis i prosessen inviterte «byggherren» til et «reise-gilde» på den nærliggende caféen Emil. Litt av reserven ble benyttet til dette, men man kan jo godt påskjønne arbeidet underveis hvis man er tilfreds med det som blir utført. Vi kom til å like våre håndverkere, og jeg fornemmet at dette var blitt en spesiell byggeplass. Jeg tror egentlig at vi også fikk en bedre kvalitet.

Fremdriften holdt, og taket var tett. Strømregningen falt, og alle var fornøyde. Vi hadde satset på et godt samarbeid. Og vunnet.

Vi er ikke sammen i et prosjekt for å lure hverandre, hvis vi ellers tar begrepet prosjektledelse alvorlig. Min erfaring er at en slik regulert avtaleform, så naiv den enn kan være, ofte leder til mer verdi fordi den skaper samarbeid i hverdagen. Altså det samme som Last Planner legger opp til.

Selvfølgelig er det enkelte som forsøker å melke min naivitet. Men de har det vært få av i mitt lange liv i byggenæringen. Som taktekkeren sa, ved overleveringslunsjen han hadde invitert til: Hvis alle prosjekter var som denne, så ville mange utette tak ha vært unngått.

Man skal aldri kjøpe billigst, men heller kjøpe best. For de beste rådene er alltid billigst, som vi sa i NIRAS med et gruk som Piet Hein skrev for oss:

DE BESTE RÅDENE

Gode råd kan være dyre,
Sier et gammelt ordtak, mange tror
Akk på gamle tomme ord
 Tror man ofte villigst.
For den vise unngår dog
den slags gamle ord for nyere.
Slette råd kan være dyre.
Mer verd er gode råd – og:
 de beste rådene er billigst.

1) Alberts, David S. and Hayes, Richard E: (2003): Power to the Edge, command... control... in the Informasjon Age. DoD Command and Control Research Program, Washington, D.C.

2) Referert fra Hoffmeyer, Jesper (1993): En snegl på vejen, OMverdenen/Rosinante.

3) Tavistock Institute (1966), Independence and Uncertainty – A study of the Building Industry, Tavistock Publications, London.

4) Stanley McCrystal (2015): Team of Teams.

Det levende prosjektet

*Hvor jeg erkjenner at shit happens
og innser at man kan styre prosjekter
men at mennesker må ledes*

I 1995 REISTE SONJA OG JEG jorda rundt for å se på byggeprosesser andre steder i verden. Den reisen ble en vekker. Med god hjelp fra SBIs daværende direktør Hans Jørgen Larsen, møtte vi de mest spennende bransjefolkene i de landene som vi besøkte. Vi ble alle steder mottatt med åpne armer og stor interesse for våre egne studier.

Jeg skal hilse og si at den slags reiser kan være en fornyelse for resten av livet. Vi var den gangen selv i slutten av femtiårene og stadig mottakelige for nye idéer. Idéene bare veltet frem.

En av dem var partnering. Vi hadde først hørt om det i USA, men så enda mere om det i Australia.

Konseptet virket som et riktig godt alternativ til den løsningen vi søkte etter. Tilbake i Danmark fremførte jeg den i de hjemlige diskusjonene, for også den gangen debatterte vi ivrig byggesektorens lave produktivitet. Idéen ble omfavnet som en rask løsning, men ingen tok seg tid til å tenke den gjennom. Ei heller våre australske kollegaer, som jeg erfarte da vi møtte dem et par år senere.

I likhet med Ole Brumm er det en av de idéene som virket forlokkende inne i eget hode, men som... mens han henger i ballongene utenfor bienes hule hvor all honningen finnes.

Min erkjennelse i dag er at det ikke finnes den slags enkle løsninger i prosjekter hvor samarbeid helt sikkert er nøkkelen til en bedre produktivitet, men hvor alt annet stritter imot. Samarbeid, akkurat som forelskelsen som i eventyret kan overvinne alt, er ikke tillatt i prosjektet. Laveste pris er prinsippet, og laveste pris skal det være. Selv om det finnes andre firmaer som vi mye heller ville hatt med i prosjektet.

At summen av de laveste prisene ikke gir oss de laveste kostnadene, men nesten med sikkerhet tvert imot, burde vi i mellomtiden ha innsett. Laveste pris fører bare til sub-optimering og flaskehalser. Dermed ødelegges flyten, alle taper og kravene øker i stigende omfang. Konsekvensen er at samarbeidet ødelegges mens økonomien løper løpsk. En amerikansk undersøkelse antyder at de prisene entreprenørene legger til grunn for sine kalkulasjoner, tilsvarer en pålitelighet i flyten (PPU) på 50%. Man forventer altså at annenhver oppgave i ukeplanen ikke vil bli gjennomført som planlagt. Det tilsvarer ganske nøyaktig det man i praksis kan konstatere. Altså stemmer det nok. Det slår upåliteligheten til togenes rutetider med adskillige hestelengder, og det bringer mange prosjekters pålitelighet langt bak meteorologenes værvarsel.

Kanskje løsningen er å stole på samarbeid og samvirke, slik også partneringen la opp til. Men samarbeidet må bygges opp fra bunnen av. Vi må vise tillit og overlate ansvaret til dem som har verneskoene på.

Man styrer systemer, men leder mennesker

Jo mer jeg spekulerer over denne nye forståelsen av prosjektet og den annerledes innfallsvinkelen til prosjektledelse, desto mer går det opp for meg at det kanskje slett ikke er et spørsmål om å styre prosjektet. Kanskje det heller handler om å lede deltakerne til prosjektets realisering.

Min gode venn og kollega Sigmund Aslesen kalte det på sitt klingende norsk for «sosial logistikk». Det er egentlig en god betegnelse for et begrep som jeg også har møtt med betegnelsen «Common Mindset», altså felles forståelse.

Den britiske konsulenten Alan Mossman, som også omtalte begrepet, kalte det for den åttende forutsetingen. Det er det ikke i min forståelse. Jeg ser det som en felles forståelse skapt gjennom en sosial prosess. Forståelsen understøtter håndteringen av prosjektets flyt. Samhold og felles forståelse skal vokse frem av seg selv, som kjærlighet. Vi skal holde av hverandre og oppleve gleden av at vi sammen skaper noe av betydning i prosjektet.

Jeg vil snarere si at sosial logistikk er et biprodukt av den gode byggeprosessen. Det skal være gøy for alle å delta i og arbeide med det ustyrlige prosjektet.

For at det skal skje må prosjektet etter min erfaring bygge opp sin egen kultur. Det er på samme måte som det skjer i gode virksomheter, foreninger og ikke minst i familier. Det må vokse frem felles omgangsformer, språk og atferd som understøtter samarbeidet og samholdet. Dette blir spesielt viktig når kaos truer og det hele er i ferd med å rase sammen, samtidig som kvikke kritikere står klare til hogg.

Å bygge opp en felles forståelse og kultur er en helt sentral oppgave med helt egne spilleregler.

Men gjør vi det?

Jeg opplever at vi som regel gjør alt vi kan for å motarbeide denne muligheten. Hele vår tradisjonelle prosess for utvelgelse av prosjektets deltakere bygger på mistillit. Det gjenspeiler seg i beskrivelsene over mange hundre sider på vilkårene for samarbeidet: Referater av byggemøter oppfattes som juridiske dokumenter, så voldgiftsretten ligger i bakhodet når de skrives. Deltakerne søker etter mangler i avtalegrunnlaget. Dermed kan de by en lav pris for å vinne kontrakten og så melke oppdragsgiveren med sine tilleggskrav.

Som oppdragsgiver kjøper man seg mange problemer.

Dette er på ingen måte et dansk fenomen. I det erstatningsfikserte USA er situasjonen enda verre. Her nærmest kveler man byggeprosessen med skjemaer. De tar all kraft ut av de mellomlederne som skal sikre produktiviteten. Fordi man kan bli stilt for retten med uhyrlige erstatningskrav hvis et spesialskjema ikke er blitt utfyllt i tide, får papirarbeidet hele tiden forrang i forhold til de faktiske problemene. Jeg opplever at vi er på helt feil vei. De enkelte tilbyderne, og spesielt de som vinner, bruker ganske mye tid på å finne de største manglene i anbudsgrunnlaget i stedet for å finne den beste prosessen.

Dette skjer på alle nivåer, fra de overordnede kontraktene til ansettelsen av den senest ankomne polske håndverkeren. Laveste pris blir mottoet for hele byggeplassen hvor kun få våger å stoppe opp og tenke over om det kanskje heller burde være en beste pris!

Ser vi for en stund bort fra økonomiavdelingens regneark og juristenes spissfindigheter og tenker i stedet på helhetens flyt, så legger vi sikkert merke til en helt annen situasjon. Kan vi skape samarbeid og pålitelig flyt, dukker gevinstene raskt opp: Kortere byggetid, færre feil, økt sikkerhet og ja, tro det eller ei, en langt bedre økonomi.

Alle må involveres

Vi må ha engasjement helt fra det ytterste leddet i organisasjonen. Det må være interesse for og involvering i prosjektets fremdrift, og det må skje ved å gi ekte medansvar og oppfordring til forbedringer. Dermed skapes eierskap og samarbeid. Ikke uten grunn er Trimmet Bygging blitt kalt partnering, samspill, fra laveste nivå. Samspill forørvig utspiller seg vanligvis på de øverste nivåene av organisasjonen. Last Planner legger opp til et slikt samarbeid. I alle de tilfellene hvor jeg har introdusert tenkningen, er det håndverkerne som straks har tatt den til seg. Det samme gjaldt forresten også for fagbevegelsen da jeg presenterte idéene en formiddag for femten år siden på et møte i BAT-kartellet. Tankene ble svært godt mottatt, og man var straks med på notene. Dette har adskillige av mine utenlandske kollegaer undret seg over. Hos dem oppfattes fagbevegelsen alltid som en motstander. (BAT-kartellet er den danske fagforeningen for Bygg, Anlegg og Tre. (o.a.))

Men hos oss er prinsippene som skapt for den danske modellen. Last Planner medfører ikke bare bedre flyt. Det gir også arbeidsglede, bedre arbeidsmiljø og økt sikkerhet. Dessuten får håndverkerne bedre akkorder i de fagene hvor den avlønningen fortsatt benyttes.

Hva med sikkerheten? Dessverre finnes det smått med tallgrunnlag. Det vi har, viser at antallet arbeidsulykker faller drastisk. Ja, det nesten halveres uten at det gjøres annet enn å sikre pålitelighet i flyten. Man tillater jo bare oppgaver som folkene selv synes er sunne, og disse oppgavene blir inkludert i arbeidsplanen. Det bare skjer. Jo bedre vi forstår hverandre, desto mer skjer det. Med retten og plikten til å si nei overfører vi nemlig et stort ansvar. I min erfaring mottas dette med tilsvarende stort alvor. De få resultatene vi har, siteres ganske ofte i vitenskapelige artikler. Det er noe som blir lagt merke til.

Gjennom årene har jeg lært at de aller fleste gjerne vil arbeide selvstendig. Mitt problem som leder er snarere å holde de friskeste initiativene noe tilbake. Akkurat som mine kollegaer har måttet holde meg i ørene, når jeg gikk over på høygir.

Komplekse dynamiske systemer trekkes selv til den kritiske tilstanden på kanten av kaos. Der fungerer de optimalt, hvilket jo i bunn og grunn er hva vi ønsker oss.

Som min ridelærer sa det, når hesten måtte holdes i skritt og være parat til overgangen til trav eller galopp: Du skal dytte på og holde igjen! Slik opplever jeg også det gode prosjektet. Det skal sitre av energi, idéer og initiativ, men som prosjektleder må jeg forsiktig holde tilbake. Samtidig skal jeg stimulere til ytterligere initiativ gjennom «oppmuntrende tilrop», som en av mine kollegaer kalte det.

I langt de fleste tilfellene virker Last Planners innfallsvinkel: Skap tillit og skap pålitelighet. Deleger og gi ansvar. Aksepter at feil forekommer, for det vil de gjøre hvis vi skal arbeide på kanten av kaos.

Shit Happens

Vi er oppdratt til at feil er en synd, og vi er oppdratt til at alt vi går i gang med også skal lykkes. Jeg husker ennå det mentale sjokket jeg fikk da en god venn og speiderlagsleder fortalte om sitt eksamensprosjekt som elektroingeniør. Han skulle undersøke om en ny metode til måling av motstand kunne brukes i praksis. Han hadde konkludert med at det kunne den ikke. Jeg så det som en fiasko. Men han påpekte at hvis forsøk fra tid til annen ikke slo feil, var de ikke forsøk. Man lærte rent faktisk mer av feilene enn av suksessene.

Den dagen lærte jeg selv en hel del.

Senere oppdaget jeg at denne visdommen er en av hemmelighetene bak Toyotas produksjonssystem. De betrakter feil annerledes enn vi gjør i vesten. Vår økonomiavdeling betrakter feil rett og slett som en kostnad, og de noteres på den «røde siden» i regnskapet. Vi som begår feilen, skammer oss. Vi forsøker å glemme den og feie den inn under teppet, som en statsminister en gang sa det.

Men hvor mye går vi ikke glipp av med denne holdningen? Hvis vi i stedet betraktet våre feil som en tilgang, en investering, i en bedre prosess, altså som nødvendige forsøk, fikk vi plutselig en mengde kunnskap og erfaring å trekke veksler på i vår videre utvikling. Skjer det en feil, skal vi stoppe opp og finne dens egentlige årsak. Årsaken skal vi så fjerne, så feilen aldri skjer igjen. Bare på den måten blir vi feilfrie, sa Shigeo Shingo.

Det er samme tanke som ligger bak PPU i Last Planner, nemlig å søke etter pålitelighet og ikke etter syndere. Sammen blir vi mye bedre.

Vi må akseptere at feil skjer. Akkurat som vi må akseptere at det usannsynlige skjer, også i vårt prosjekt. Usannsynlighetsprinsippet gjelder nemlig overalt i komplekse, dynamiske systemer. Det usannsynlige vil alltid skje. Det er nesten en naturlov.

La oss derfor bruke våre feil til å lære av. La oss for alt i verden ikke fristes til å lage flere regler og kontrollsystemer for å unngå dem. Feil er som ugress: Det finner alltid en vei. Det er bare ved hjelp av mannen på stedet vi kan bekjempe dem. Deretter følger vi Shingos råd, om å finne og fjerne årsakene, så feilene ikke oppstår igjen.

Noe som altså likevel kan skje i prosjektets komplekse verden. Særlig når flyten smetter over i den turbulente og kaotiske tilstanden, eller hvis utenforstående begynner å blande seg inn.

Fingrene av fatet

Når noe ikke fungerer som forventet i det delikate systemet som prosjektet tross alt er, spesielt når det balanserer på kanten av kaos, skal det ikke mye utenforstående innblanding til før det havner i et totalt kaos.

Derfor er mitt råd at man stopper opp, trekker pusten dypt og stillferdig finner årsaken til den kritiske situasjonen. Man trenger ikke å bruke mye tid, men man bør tenke seg godt om før det handles. Man må ta seg tid til å lytte til mannen på stedet.

En god angrepsvinkel er ofte å finne den kritiske flyten, altså den flyten og forutsetningen som er kilden til problemene. Med det i sikte har man en logisk måte å nøste ut problemet på. Man følger flyten bakover og finner den flaskehalsen som sannsynligvis er årsaken. Deretter er det «bare å lette på trykket» til flaskehalsen, som regel ved å synliggjøre den og få deltakerne til selv å gjøre noe med den. La med andre ord systemet selv finne sin vei ut av krisen.

Toppstyring av en maurtue kommer likevel aldri til å fungere.

Styrk kulturen, og skap engasjement

Når tingene synes å fungere, hva er så oppdragsgiverens rolle hvis han ikke skal blande seg inn?

Oppdragsgiveren skal først og fremst skape rammene for at tingene kan skje og for at prosjektet kan utfolde seg. Deretter skal han stimulere alle deltakerne til å engasjere seg i prosjektet.

Det er da kjekt, vil mange sikkert si, men kan det gjennomføres i den virkelige verdenen? Det kan det! Det kan jeg personlig bekrefte, for jeg har sett det igjen og igjen. Byggeprosessen ved oppføringen av billedhuggeren Bjørn Nørgaards arktektonisk vakre bolig på Bispebjerg Bakke er et eksempel. Borettslaget Fruehøjgaard i Herning er et annet. Listen vokser heldigvis hele tiden, så kanskje finnes lys i enden av tunnelen selv om det fortsatt er en lang vei å gå.

Gå ut og se

I Toyotas konsept inngår begrepet «Gemba». Jeg har bevisst unngått begrepet inntil nå. Mest fordi vi ikke lager biler men prosjekter, og fordi jeg bare kjenner begrepet gjennom vestlige fortolkninger. I vår vestlige fortolkning betyr ordet *Gå ut og se*, og det er et råd jeg gir om og om igjen når jeg forklarer mine tanker. Gå ut og se hva som skjer i ditt eget prosjekt. Flytt øynene fra det som skaper verdi til det som ikke burde skje, til sløsingen. Overraskende funn og observasjoner vil dukke opp, og de er sannelig lavthengende frukter for en forbedringsprosess.

Jeg deltok nylig i et stort prosjekt som veileder. Vår prosessplanlegging besto av flere heldagsmøter. Hver gang var spisepausen preget av en lang kø ved lunsjbordet. Alle ventet tålmodig. Jeg spurte hva det var som ikke virket. Hvorfor får vi ikke bare vår mat og kan begynne å spise?

Det kom flere forslag. Vi snakket ivrig og med mat i munnen, og flyt-begrepet ble nevnt. Neste dag fikk jeg flyttet lunsjbordet en meter bort fra veggen. Og hallo! Nå strømmet de sultne deltakerne langsmed det samme bordet, men med den dobbelte kapasiteten. Køen fra dagen før forsvant som dugg for solen. Å øke kapasiteten i et flytsystem er ofte overraskende billig, hvis man ser etter flyt og flaskehalser.

Frankensteins monster

Jeg har tidligere snakket om prosjektet som et komplekst system, og jeg har pekt på kompleksitetsteorien som et nytt utgangspunkt. Det er en interessant teori der, ikke minst slik den utfoldes på Santa Fe Institute i New Mexico. Det er utrolig inspirerende og ofte også provoserende. Hvordan ville det være, i teoriens ånd, å betrakte det ustyrlige prosjektet som kunstig liv?

Tenk tanken. Hva hvis jeg sier at det ustyrlige prosjektet er et menneskapt og levende vesen. Det er som Frankensteins monster, noe vi selv har skapt og fått til å fungere, og som nå er i ferd med å vokse fra oss. Så legger vi enda en gang til side vår rasjonelle tenkning, slapper av, trer et skritt tilbake og ser på det monsteret vi har skapt. Altså vårt prosjekt. Er ikke dette prosjektet i virkeligheten selv et levende system? Ikke bare et levende system, slik som treet, men et virkelig og sprell levende system.

I mange PC-spill møter vi nå for tiden kunstig liv. Spillene har en egen evne til å utvikle seg, lære og utvise nye og overraskende mønstre.

Legemiddelindustrien bruker de samme ideene i sin forskning om virkningene av ny medisin. Finansverdenen, som med store penger i ryggen alltid er raskt ute, har også sett temaet som interessant. Deres massive satsing på Santa Fe Institute vitner om dette, og det taler for seg selv.

I det sjette essayet, Det selvstendige prosjektet, snakket jeg om prosjektet som et system av systemer. Det er forbundet med andre prosjekter i et uendelig nettverk av systemer, som regel med flere systemer på hvert nivå. Systemene agerer dessuten seg i mellom. Samtidig skjer det en utvikling i denne symbiosen, som på mange måter minner om et levende system. Er det ikke slik vi bør forstå prosjektet? Når jeg har brukt ordet ustyrlig, så er det nettopp fordi jeg opplever prosjektet som noe selvstendig levende. Ikke det livet som den enkelte deltakeren tilfører, men at prosjektet selv er noe levende.

Denne levende organismen har en funksjon i et større samfunn av tilsvarende kunstige organismer. Den skal nemlig skape noe. Når dette «noe» er skapt, dør den, og dens enkelte bestanddeler blir nærmest spist opp av andre prosjekter. Organismen selv er kompleks og dynamisk. Ikke bare i sin funksjon, men også i sin evne til å fornye seg og ta inn i seg nye systemer. Systemer som ikke lenger er nødvendige, frastøtes.

Vi har med andre ord en ordnet produksjonsverden som utgangspunkt, og vi har en kaotisk verden av innovasjon og fornyelse i form av nye, sprellevende prosjekter.

Kunstig liv

Kunstig liv er en vitenskap som i dag blomstrer mange steder rundt omkring oss. Kort fortalt er det er en tilnærming til studier av levende systemer gjennom datasimuleringer. Det første forsøket ble trolig utført av den engelske matematikeren John Conways Game of Life fra 1970.

Han skapte i sitt data-anlegg et enkelt 2D-mønster av levende og døde celler i et rutenett. Han lot deretter systemet utvikle seg generasjon for generasjon ut fra to svært enkle regler: 1) En levende celle lever videre dersom den har to eller tre levende naboer. 2) En død celle gjenopplives dersom den har akkurat tre levende naboer. Hverken mer eller mindre. Et helt univers utfoldet seg så på skjermen. Programmet er banalt å skrive. Vi skrev og kjørte det selv på vår gamle VIC 20, og avhengig av startsituasjonen oppsto de mest fantastiske mønstrene.

Forut for den første vitenskapelige konferansen om kunstig liv på Santa Fe Institute i New Mexico i 1987, presenterte Craig Reynolds noe mere avansert. Det var en algoritme som skulle styre en flokk animerte pingviner i filmen «Batman Returns». Ganske enkle regler her også, men de virket. Til konferansen hadde han utviklet programmet «Boids». Den simulerte en fugleflokk, og igjen fulgte den to svært enkle regler: 1) Følg de andre. 2) Unngå å fly inn i dem eller i andre hindringer.

Senere er det arbeidet videre med tilsvarende systemer. Helt enkle regler styrer samspillet mellom kunstige individer, og det oppstår forbløffende resultater. Kan ikke dette være en opplagt måte å studere prosjektet på? For prosjektet er jo i virkeligheten bare menneskeskapt liv.

Snakk pent om ditt prosjekt

Etter et av mine kurs hos MT-Højgaard, kom en av deltakerne frem til meg og sa at det jeg hadde fortalt minnet henne om noen «important words» som de brukte hos seg. Det var sitater fra Peter Hewitt, en engelsk ingeniør, og de lød – i min oversettelse:

Det minst viktige ordet er **Jeg.**
Det viktigste ordet er **Vi.**
De to viktigste ordene er **Tusen takk.**
De tre viktigste ordene er **Kan du hjelpe?**
De fire viktigste ordene er **Hva er din mening?**
De fem viktigste ordene er **Det gjorde du sannelig godt!**
De seks viktigste ordene er **Det var jeg som tok feil.**

Jeg tror at hans 22 ord er veien til bedre ledelse av det ustyrlige prosjektet.

En ny vitenskap

Her slutter min beretning om det ustyrlige prosjektet, men det løser på ingen måte våre problemer med fenomenet.

Den altoverveiende delen av vår produksjon, etter at industriproduksjonen er blitt outsourcet til øst eller er tatt over av roboter, skjer nå som prosjektproduksjon. Jeg har ikke kunnet finne presise tall på dette, men det er min faste overbevisning.

I det lyset er prosjektet en uvanlig forsømt produksjonsform. Og det koster oss dyrt. Jeg har i disse essayene forsøkt å vise hvordan vi sløser en masse penger og går glipp av en masse verdi, fordi vi ikke forstår våre prosjekter og derfor leder dem feil.

Ikke at vi mangler veiledning i prosjektledelse. Det har vi rikelig av i lærebøker, kurs og rådgivere. Men vi mangler en dypere forståelse av selve prosjektets natur. Prosjektledelsen som vi i dag underviser på universitetene, er et fag som svever i luften uten en egentlig teori, sa en australsk professor til meg for en del år siden.

Dette er kanskje egentlig problemets kjerne. For i mangelen av en dypere forståelse, basert på solid teori, forblir prosjektet for de fleste kun en rekke konkrete arbeidsoperasjoner, som det raskest mulig gjelder å få ut av produksjonslokalene i riktig rekkefølge og til lavest mulige pris.

Et viktig skritt på veien til en ny prosjektforståelse er derfor, i mine øyne, at vi anerkjenner studiet av prosjektet og prosjektproduksjonen som en selvstendig vitenskap som henter sitt teorigrunnlag fra en rekke andre vitenskaper.

Det fører umiddelbart til den neste funderingen: Hvem skal ta tak i oppgaven med å etablere det vitenskapelige grunnlaget for en slik ny vitenskap. Umiddelbart vil det her være nærliggende å tenke på de institusjonene som alt beskjeftiger seg med prosjektledelse, for eksempel i forbindelse med de byggrettede ingeniørutdanningene.

Ingen av disse har imidlertid selv fått øye på behovet,

og i hvert fall ikke tatt initiativ i den retningen. Det er også spørsmål om en slik ny vitenskap ikke nettopp skulle frigjøres fra en bestemt faglig eller bransjemessig retning. Prosjektvitenskapen vil jo ha like stor relevans for de mange andre samfunnsgrenene og næringene som benytter seg av prosjektproduksjon: IT-verdenen, legemiddelindustrien, eventarrangører, filmprodusenter, motedesignere og mange andre.

Når dessuten vi i byggenæringen er en av de aktørene som har lengst erfaring med prosjekter, er det vel ikke unaturlig at det er vi som tar opp tråden.

Skulle man forsøke en helt annen innfallsvinkel, kunne vi hente inspirasjon fra Santa Fe Institute. Som jeg har fremhevet flere ganger, har de, til tross for sin beskjedne størrelse, på få år lyktes å bygge opp et faglig sterkt og inspirerende miljø i studiet av komplekse systemer. De har også oppnådd internasjonal gjennomslagskraft. Det har ikke minst skjedd ved å bringe førende forskere fra forskjellige disipliner sammen i et kreativt miljø. I de tidlige årene skjedde det i et nedlagt kloster. Det ble et slags tilfluktssted hvor forskere fra hele USA kom og oppholdt seg et stykke tid, arbeidet, diskuterte, gikk turer i ørkenen like utenfor og innimellom drakk en øl eller to. De løste dermed de såkalte «two beer questions».

Når jeg leser om det, minner det meg mye om det som skjedde på Niels Bohrs institutt på Blegdamsvej i begynnelsen av 1900-tallet.

Tross beskjedne omgivelser, ble det tenkt store tanker.

Riktig så ambisiøs er ikke jeg på noen måte. Men jeg opplevde selv noe lignende i en mer jordnær skala da Foreningen av Rådgivende Ingeniører (FRI) på 1990-tallet under ledelse av den svært engasjerende direktøren Tage Dræbye (1943-2013) samlet grupper av medlemmer til faglige diskusjoner. Det ble til en rekke år hvor det var FRI som satte dagsordenen for byggingens utvikling, og mange medlemmer og ikke-medlemmer deltok med stor entusiasme.

Min visjon er at vi bygger opp et lignende tverrfaglig internasjonalt institutt som kan stimulere til å utvikle en ny prosjektforståelse i et grenseoverskridende samarbeid. Gjennom utvikling og testing kunne man levere ny innsikt og nye verktøy, som ytterligere kan styrke produktiviteten i våre prosjekter. Ikke bare innen bygg og anlegg, men langt inn i andre bransjer, fra forskning til teater og fra IT-utvikling til produktutvikling.

Ikke et institutt som selv skal utføre forskning, men et institutt som på kvalifisert vis kan bringe praktikere og forskere sammen i helt nye grupperinger. Forslagsvis som en aktiv, dynamisk og kreativ tenketank, som gjennom publikasjoner, foredrag, seminarer og konferanser setter fart i nytenkningen i samfunnets mange prosjektproduserende grener.

Forfatterens takk

Denne boken har gjennom mange år vært i utvikling, og det er mange som direkte eller indirekte har bidratt til disse syv essayene. Det ligger i selve prosessens natur. Ofte er mine tanker oppstått under forelesninger, i løpet av samtaler med kollegaer og ikke minst arbeidende i de dype lenestolene på mitt kontor i Holte. Det er et utradisjonelt arbeidsrom innredet hundre prosent med henblikk på refleksjon, og ikke på egentlige møter.

Mange av mine tanker er deretter blitt hastig skrevet ned på baksiden av en gammelt utskrift. Senere, ofte en sen kveldstime, er de blitt omgjort til en Trimmet Tanke, som for eksempel et av mine små fredagsskriverier. De kunne deretter bli sendt ut eller bare bli lagt i bunken av andre tanker. Det er nå slik jeg pleier å arbeide.

Jeg setter stor pris på disse samtalene, som hver eneste gang gir meg nytt å tenke over, og som jeg nødig vil unnvære.

Der er også andre jeg har ført mer faste samtaler med. Jeg tenker spesielt på de tre musketerene, mine gode personlige venner: Professorene Greg Howell, Glenn Ballard og Lauri Koskela. Vi fire møtes fast hver tirsdag ettermiddag til en samtale på Skype, hvilket er en helt fantastisk inspirasjon for meg.

Også de mange gode kollegaene som jeg har truffet i mitt profesjonelle virke, har inspirert meg, og de utløser stadig nye idéer. Ikke minst de pågående byggeprosjektene på DTU er en kilde til mye læring, såvel med positive opplevelser som med skuffelser fra tid til annen. Men jeg håper å kunne medvirke til at DTU, som universitet og stor profesjonell byggherre, kan innta en rolle i dansk bygging ved å utvikle ny forståelse og raskt prøve ut tankene i full skala. Jeg har sett Sutter Health i California gjøre dette gjennom ti år ved hjelp av et bygge- og utviklingsprogram i samme størrelsesorden som den pågående byggingen av supersykehus i Danmark.

Foreningen Lean Construction DK tok meg pent imot da jeg ba om hjelp til den endelige redigeringen og utgivelsen. Randi Muff Christiansen, den energiske formannen, både kommenterte mitt manus og fant den nødvendige finansieringen hos fondet Realdania. Det brakte min redaktør Poul Høegh Østergaard på banen, hvilket jeg er meget takknemmelig for.

Det ble et kvantesprang for boken. Poul klarte, nærmest som i et svært langt intervju i de dype stolene i løpet av mange mandager, å få meg til å snakke og samtidig tydeliggjøre mine meninger og til sist skrive hele boken forfra. Med Poul kom også Claus Lynggaard, som ytterst profesjonelt fikk strukturert mitt skriveri.

Takk til dere alle sammen.

Endelig er det som alltid Sonja. Da jeg utga min forrige bok «Semiramis», lovet jeg at jeg ikke skulle skrive flere bøker i dette livet. Men disse essayene var jo heller ikke en bok da jeg startet på prosjektet. Det var mine notater fra en rekke foredrag, forelesninger og gå-hjem-møter som jeg ville skrive sammen til et lite kompendium. Underveis skjedde bare det, som så ofte skjer i komplekse systemer: Noe uventet oppstår. Emergens som det kalles i kompleksitetsteorien.

Heldigvis aksepterte Sonja, som jeg har vært forelsket i gjennom et halvt århundrede, denne tingens utvikling, og hun har tålmodig kommentert på mange av mine løst nedskrevne tanker. Hun har også akseptert at den ene ferien etter den andre ble brukt til å sitte ved PCn og skrive, i stedet for å besøke slott, landskap og muséer.

Jeg skylder med andre ord en stor takk til alle de som har bidratt til å få mine tanker ut i verden. Nå håper jeg at andre tar tankene godt i mot og kanskje lar seg inspirere til å bære idéene videre. For jeg er langt fra kommet til mål.

Holte, november 2015
Sven

SVEN BERTELSEN

Født i 1937 og MSc i bygg og anlegg i 1961. Sven Bertelsen har brukt det meste av sitt profesjonelle virke på prosjekter. I førti år var han del av det rådgivende ingeniørfirmaet NIRAS, et ledende dansk konsulentselskap. Her var han bl.a. senior partner i 25 år. Han har hatt ansvar for noen av firmaets større prosjekter, med oppbyggingen av den danske forsyningen av naturgass på 70- og 80-tallet som de fremste.

Hans navn er i dag først og fremst forbundet med The International Group for Lean Construction, IGLC, og det danske Trimmet Byggeri. Sven har siden slutten av 80-tallet bidratt sterkt til utviklingen av lean-teoriene, og ikke minst hans tanker om forståelsen av prosjektet som et komplekst, dynamisk og tilpasningsdyktig system er internasjonalt anerkjent.

Sven introduserte lean construction i Danmark. Dette har han arbeidet med helt fra sine første forsøk med Toyota-inspirert just-in-time-logistikk og frem til dagens allsidige virksomhet som konsulent, veileder, underviser, foredragsholder og forfatter. Han var med-grunnlegger av den danske foreningen for Lean Construction-DK, hvor han i 2014 ble dets første æresmedlem.